"一网共治"

构建数字治理新体系

周 斌 娄 欢 张 森 张艳萍 戎彦珍 李 卫 计 玮◎编著

人民邮电出版社

北 京

图书在版编目（CIP）数据

"一网共治"：构建数字治理新体系 / 周斌等编著
. — 北京：人民邮电出版社，2023.10
ISBN 978-7-115-62021-7

Ⅰ．①一… Ⅱ．①周… Ⅲ．①数字技术－应用－城市
管理－研究－中国 Ⅳ．①F299.22-39

中国国家版本馆CIP数据核字(2023)第114157号

内 容 提 要

本书以城市"一网共治"数字治理体系建设为研究对象，聚焦分析"一网共治"建设的新思路、新路径和新体系，着重从构建城市运行动态监测体系、打造资源与应用赋能中心、实现共治共享一体化协同、树立慧治慧聚创新示范方面展开论述，为城市治理精细化、数字化、智能化提供经验借鉴，助力提升城市治理现代化水平，对推动城市治理体系和治理能力现代化具有现实意义。

本书适合城市治理实践者、政策制定者、城市治理研究的专家学者，以及数字化转型专业公司相关从业者等阅读。

◆ 编　著　周　斌　娄　欢　张　森　张艳萍
　　　　　　戎彦珍　李　卫　计　玮
　　责任编辑　王建军
　　责任印制　马振武
◆ 人民邮电出版社出版发行　　北京市丰台区成寿寺路 11 号
　　邮编　100164　　电子邮件　315@ptpress.com.cn
　　网址　https://www.ptpress.com.cn
　　固安县铭成印刷有限公司印刷
◆ 开本：800×1000　1/16
　　印张：11.5　　　　　　　　2023 年 10 月第 1 版
　　字数：137 千字　　　　　　2023 年 10 月河北第 1 次印刷

定价：89.90 元

读者服务热线：(010)81055493　印装质量热线：(010)81055316
反盗版热线：(010)81055315
广告经营许可证：京东市监广登字 20170147 号

随着城市化进程的不断加快，城市面临诸多复杂的治理挑战，城市治理已经加速向数字治理时代演进，与传统的城市治理模式不同，以大数据、云计算、物联网、人工智能和区块链等新一代信息技术为代表的数字治理正在全方位地改变城市治理形态，"万物智能、万物联网、万物皆数"的趋势不断加快。如何构建一个高效、协同、有序的数字时代城市治理体系，已成为当今城市发展的重要课题。在这样的背景下，"一网共治"城市治理体系应运而生，为构建数字时代城市治理体系提供了全新的探索和实践。

本书总结了国内外城市治理模式与实践经验，通过对数字治理重要性和城市治理新需求进行研究分析，构建了城市数字治理的新体系框架，明确"一网共治"数字治理实践新思路，提出了实施路径和重点发展方向。全书共分为8章，第一章从城市治理的现状和挑战出发，探讨了"一网共治"城市治理体系的提出背景，以及构建"一网共治"所需的基础设施、技术、政策等要素。第二章阐述了"共建、共享、共治"的高质量城市治理目标、架构、基础、中枢和保障，并研究分析了国内外城市治理案例。第三章阐述了"一网共治"数字治理实践新思路，着重介绍了基于"一网共治"的城市数字治理实践，提出"一核一网多元共治"数字治理建设蓝图，以及如何运用构建指标体系、调整组织架构、发挥数据要素价值等手段保障蓝图落地。第四章介绍了如何构建城市运行动态监测体系，以实时、全面地感知城市的运行状态和发展趋势。第五章探讨了如何整合城市资源、应用新技术，打造数字治理资源与应用赋能中心，从而实现市、区、街道三级的协调发展。第六章聚焦于如何实现政府、企业、社会等多方共治共享一体化协同，提升人口活力、激发社会活力、促进创新活力、展现政府活力。第七章通过对城市人口、交通出行、民情民意等专题的实践研究，展示如何树立慧治慧聚。第八章提出了"一网共治"未来发展的展望和思考。

本书旨在为城市治理实践者、政策制定者和专家学者提供新的思路和路径，探索数字化时代下的城市治理新模式，希望读者通过本书能够深入了解"一网共治"城市治理新体系，从而推动城市治理实现数字化转型，提高城市治理的质量和效率。

目 录
Contents

第一章

"一网共治"需求分析及思考

1.1 基于现代化城市治理体系建设的需求分析

1.1.1 数字化空间使城市治理的空间范围日益扩大

数字化是城市未来发展的方向，是城市治理演进的重要推手，在扩大城市治理范围、优化城市治理职能上发挥了关键作用。对政府来说，数字化空间使传统政府治理机制发生了重大的变化，使政府融入城市，开展满足城市公共需求的治理活动，提高城市治理的平等性，减少硬性的行政管制措施。在数字治理模式下，数字治理体系的辐射范围不断延伸，服务业务和服务对象不断增多，有利于打破公共服务的时间、空间与容量限制，实现对公共事务治理与公共服务的全面覆盖。

目前，我国城市治理已经加速向数字治理时代演进，与传统的城市治理模式不同，以大数据、云计算、物联网、人工智能和区块链等新一代信息技术为代表的数字治理正在全方位地改变城市治理形态，传统智慧治理模式与数字化的结合使城市治理范围急剧扩大。

首先，数字治理扩大了城市治理的空间范围。数字治理体系的建设使城市在制度安排、产业结构、基础公共服务、城市设施等物理层面实现高度协同，同时，也整合了数字资源、网络社区等虚拟空间，使治理效能从基于物理空间受到行政区限制的传统城市治理走向了在互联互通、整合共享前提下建构的具有空间延展性的城市数字治理。数字治理体系的建设打通了城市间的"信息孤岛"，构建了融合、集聚的新型城市群。同时，数字治理体系有利于打破以部门职能边界为限定的传统城市管理模式，提高了工作效率。数字治理体系通过技术迭代、制度改革、体制创新等模式，消除管理漏洞，实现对城市的精准化治理。但如何打破部门职能边界，将协同机制常态化、制度化，推进各层级、各部门乃至各地区的协同治理仍是数字治理体系建设过程中需要解决的重要问题。

其次，数字治理带来了数据资源的共建共享，扩大了城市治理的虚拟空间。在数据的支持下，城市治理实现了由模糊向精准、从定性到定量、从经验到科学的转变。数字化空间赋能带来的海量的数据流，从有形的物质生产，到无形的服务和信息，都体现为更开放、统一、可读取、可计算、可流动的数据集成。通过精简、精准和智慧的数据治理，公共事务治理流程和社会管理方式得以持续改进。数字化空间能够汇聚不同地区、众多领域的海量数据，小到一条街道的交通拥堵情况，大到整个城市人流、物流和公共安全信息，都可以可视化展示。随着城市数字化转型的加快，数字治理体系中接入的人、事、物的复杂程度都会急剧增加，信息处理量也会呈指数级增长。在汇集海量信息后，将实时数据与历史大数据等进行业务在线化和分析挖掘，从而判断城市整体运行状况，进而优化供需双方的匹配精准度，提高资源配置效率。

最后，数字治理拉近了人与信息的距离，数字化空间使城市在"物理世界"与"人类社会"的二元空间之外构建了一个全新的独立的虚拟世界，人类在城市中的数字化生存、数据化消费已经成为目前城市生活的常态，促进了城市社会组织形态的更新，产生了更多机构与个体的复杂消费行为，进一步加深了虚拟世界与现实世界的内在交互与深度融合，两者相互影响、相互渗透。在城市物理空间与城市社会空间中，产生了作为中介系统的城市数字化空间，该空间以数据的形态内嵌于其他两个空间，不仅映射了城市物理空间，也重新建构了城市社会空间，重塑了城市治理方式和过程外化方式，表现出高度的目的性和主体性。同时，数字化空间也表现出自适应、自学习的智能性，既能通过城市物理空间和城市社会空间的互动生产有形的新物质产品，也能产生无形的新知识，使城市治理从与技术共存的平行阶段跨入与技术共同进步的相交阶段，这是对城市治理方式的彻底改变。

可以说，数字化空间带来的城市数字治理模式与传统的城市治理模式已经发生了根本性变化，社会结构的重组、群众生活的变化、管理组织的重塑、主体的多元化及群众参与治理推动城市治理范围不断扩展，最终对人们的衣食住行等生活方式产生了深刻影响，城市治理面对的空间从三维向多维不断拓展，在数字化空间内每个城市居民都作为"点"存在。在这种变革背景下，地方政府需要建设数字城市，开展数字治理，探索和实施经济、社会、文化、科技均衡式发展，这也是提升城市竞争力的关键。

1.1.2 数字化平等效应使城市治理的主体日益多元化

当前，城市建设和发展中遇到的问题是由经济、社会、文化等多个因素相互作用产生的结果。数字治理的引入是为了解决这些问题，数字化平等效应为政府、企业、群众等城市治理相关主体创造了良好的协作环境，也使更多主体参与到城市治理中。在发达国家，城市治理主体是多元的，除了政府组织、企业为主的市场组织，还有大量由城市群众自发建立的社会组织。各种类型的组织特征不同，在不同的领域可以发挥各自的优势。当今，数字化平等效应打通了多元主体参与城市治理的通道，为主体多元化提供了良好的治理环境。

首先，数字化平等效应为政府、企业、群众等城市治理主体营造了协作环境。基于大数据、人工智能和可视化等技术为各类主体提供了简单易懂的城市模型，使之能够读懂城市、了解城市治理的相关执行政策和使用的技术手段，帮助相关主体判断城市治理效果，从而集思广益，调动城市治理相关主体参与城市公共事务治理的积极性。

其次，数字化平等效应带来的城市数据和技术相关资源的开放共享不仅提高了资源的利用率，也增强了各类主体的数据获取和开发能力，让专业知识较为缺失的各类主体可以直接调用数据和相关技术进行开发活动，从而促使各类主体积极参与城市治理，充分发挥多元主体在不同领域的优势，以创造更大的社会价值。

最后，数字化平等效应加强了人与人、人与物、物与物之间的连接，有利于促进多元主体间的互动，政府、企业、科研机构等主体可以围绕数据、技术、政策等利益相关点开展更多的合作；群众可以通过传感器、移动设备等向相关主体反映城市问题、表达利益诉求、反馈服务体验，并用可视化的方式了解问题解决的进度和看到最终呈现的效果。

1.1.3 数字城市建设使参与式治理成为城市治理新亮点

提高城市治理模式中的群众参与度是应对和处理城市问题的重要支撑，是完善城市治理体系、优化城市治理能力的必由之路。

群众参与是指城市居民通过某些渠道对城市公共事务提出个人意见，从而直接影响公共事务决策和城市治理方式。参与式治理是政府、机构、非政府组织，以及广大群众通过多种渠道和途径进行沟通，参与集体决策，并将决策结果交由政府实施，政府通过市场规则实现城市管理，以交易为原则实现多赢，最终实现城市治理共同目标。一是参与式治理需要赋权，通过围绕构建城市共同体意识，在城市资源更新、自治能力培养、居民协商议事、公共服务优化等方面补足治理要素。城市居民围绕自我效能感提升、自我治理能力形成等方面，积极投身于城市公共事务的建设和生活环境的改善。二是参与式治理有助于城市社区改进政策执行、完善监督监管与重塑治理结构，以拥有更加健全的数字治理能力。赋权围绕城市居民、社会组织等主体的整体权能提升，注重城市资源、机会和权力的科学分配。在此基础上，让利益相关的各主体都有资格参与公共政策的制定和执行，通过多元协同合作、完善内部结构，加强彼此的联合和结盟，参与城市公共部门的决策和改革，从而更好地影响公共资源的调配和使用，维护自身利益诉求，实现社会价值。

参与式治理是破解城市治理中主体间利益冲突的方向，使治理从由政府主导向多元主体主动参与转变、由单项治理向多元治理转变。其关键点在于提升多元主体自我效能感，促使群众有效参与城市治理，实现政府主导与多元主体有序参与的结合，促进发展成果共享。在数字城市建设中，参与式治理成为城市治理的新亮点。

首先，数字治理体系的建设为群众参与提供了良好的平台，极大地提高了群众的自由度与主观能动性，激发了群众参与城市公共管理事务讨论及城市治理的热情。

其次，数字治理体系改变了传统的城市治理过程，确立了公开、平等、透明的治理原则。数字治理平台的构建和应用有利于推动政府、社会与群众实现点对点、面对面、立体式的连接，进而构建即时互动的参与式治理模式，使群众深度参与公共需求的认定、讨论、反馈及相关决策产生与施行等环节。

最后，显著的城市外部正效应也是群众参与治理的重要衍生物，参与式治理增强了城市群众的向心力，由此带来了舒适、方便的城市生活环境，而舒适的环境则进一步激发了城市群众的创新精神。参与式治理以人为核心的发展思路，实现为城市吸引人才、留住人才、让人才满意，由此产生的经济效应显著增强了城市的经济张力，使城市的经济版图产生了较强的向外辐射效能，提高了对外部资金的吸引力，使经济实现全方位协调均衡发展。城市群众的需求可以更顺畅且方便地汇集并及时反馈到城市管理机构，进而促使城市生态良性循环。

1.1.4 数字社会演进使城市生活日益网络化和智慧化

数字社会演进带来的计算机、大数据、互联网等新一代信息技术的深度应用，通过治理技术创新、治理制度变革、治理过程优化和治理体系再造等方式系统性提升城市治理的智能化、精准化、人本化和效能化水平，推动城市生活日益走向网络化和智慧化，降低城市治理的难度及相关成本，提高城市治理水平，优化治理绩效，进而实现精准化治理。

在数字治理过程中，政府通过数字治理体系实现跨业务、跨部门、跨领域、跨系统的治理协同与服务供给，用数字化手段实现了"一张网"的无缝治理。网络化和智慧化使城市政府能以更精细、更智能和更高效的方式管理生产和安排生活，实现城市社会与物理系统的整合，通过科学精准的建模手段实现对城市的预测与处置。一旦出现临时突发事件，城市数字治理中心可以实现实时规划和调度，第一时间派出最近的处置力量解决问题。

数字治理体系的建设充分利用新一代信息技术，将治理对象、治理要素、治理资源和治理工具有机连接，把城市治理所有信息和要素汇聚在"一张网"中，形成互联互通、共治共享、流动畅通的城市治理网络体系，使城市治理不再有盲点、堵点和断点，提升城市治理的连接度、流畅性与高效能，打破以往的部门分割、领域分割和过程分割的治理弊病，形成治理理念与价值、技术与制度、主体与对象、过程与绩效的无缝连接，充分运用各种治理技术实现城市治理的万物互联与协同共治。

同时，数字治理体系的建设也将大量智慧治理新技术投入应用。例如，利用电信运营商 5G 基站及相关监控技术加强对特殊时段、特殊地点和流动人口的提前预警，进而降低公共安全事件的发生概率；通过网格化治理能力结合地理信息系统（Geographic Information System，GIS）等技术加强对群众广场、购物场所等关键区域的重点管控，深度监测城市关键区域的人流与车流等多维流动信息，从而为优化城市基础设施建设、改进城市公共服务供给、推进城市服务评价等业务提供大数据支持。

1.1.5　数字政府改革使城市居民自治化进程继续加速

城市居民自治，即城市社区居民的自治。城市社区是城市居民共同生活的家园，城市居民是城市基层自治的主体力量，居民拥有自我管理、自我服务、自我教育的权利与义务。基层社区是国家进行城市治理的关键，基层善治是保护国家政治安全和维持社会稳定的压舱石，城市自治的目的之一便是将党和国家的领导延伸到基层群众自治组织层面。城市社区拥有庞大的体系及广泛的联系，是城市治理体系中不可或缺的一环。可以说，城市自治能力和水平事关实现城市长治久安的根本，且对城市生活影响极大。

运用大数据、云计算、区块链、人工智能等前沿技术，构建数字治理中心等治理机构，推动城市管理在手段、模式、理念等层面的创新，从数字化阶段到智能化阶段再到智慧化阶段，让城市更智慧，是完善城市治理体系、优化城市治理能力的必由之路，也是推动城市自治化进程加速的关键着力点。

数字治理体系的构建推动了城市社区自治主体多元化格局的形成，城市居民基于多层次、多类型的利益需求和偏好形成多样化的利益群体，这些利益需求和偏好是社区居民自治的前提和基础。在数字政府改革背景下，城市自治化进程的发展加速形成社区多元的利益格局。城市治理体系的构建同样有在城市社区自治主体多元化格局形成的过程中起到缓解冲突的作用，通过监控利益相关主体，城市政府可以在第一时间了解相关冲突的产生与发展过程，进行快速干预，发挥主体作用，实现精准调控、高效协同。

在推动城市自治化加速的过程中，要牢固树立群众观点，深入践行群众路线，相信群众，依靠群众，发动群众，推行清单管理制度，下放行政管理权利，让群众真正成为主导城市社区事务的"主人"。加强自治精神的宣传和自治能力的培养，推动共建共享、同进同退的"共同体"观念深入人心，切实增强参与城市社区治理的自觉性和主动性。加强民主政治建设，增加和拓宽城市居民参与公共决策的渠道，创新建立"有事多商量、遇事好商量"的民主协商机制。

1.2 基于治理能力现代化提升的需求分析

1.2.1 对各城市主体需求和城市管理问题的主动感知能力

城市是人们工作生活的重要场所，城市治理范围广泛，涉及经济社会的各个领域，治理的主体和对象众多，相关事务也千头万绪，这就要求在城市治理过程中对城市运行状态信息进行动态监测，把握城市运行规律。在此过程中首先要解决的是对城市治理场景"看得全""看得远"的问题。从宏观上，实现对整个城市运行状态的实时监测；从微观上，则要呈现城市部件、城市活动的细节，达到对城市运行全场景的呈现，实现多维可视化的效果，提高城市治理的感知能力。

许多国家与城市为提高数字城市的感知能力，开始根据本地的实际需求建设多样化的数字基础设施，例如"城市大脑"、多维地理信息平台、物联网等数字治理体系，本节主要关注的是城市治理中心在提高对各城市主体需求和城市管理问题的主动感知能力中的应用。要想获得各城市主体需求和城市管理问题的主动感知能力离不开数字基础设施的建设，即通过城市"神经元"的全面覆盖完成数据的采集、存储、计算，从而真正解决"信息孤岛"，全面实现城市信息互联互通。这就要求城市治理中心利用好通信网络技术和无处不在的感知手段，遵循感知、数据获取、数据处理等标准规范，进一步集成现有空间信息基础设施，在数据上采用多平台协同观测、异构数据资源集成管理、多源数据融合等技术处理感知的多源异构数据，并进行信息聚焦服务，构建万物互联互通的城市信息感知体系。

城市治理体系应具有多尺度感知能力，在感知内容、感知手段、感知时效和感知精度上提供多维度、多尺度的信息。感知手段包括卫星、监控摄像头、无人机、空气及水利传感器、智能手机等多维度、多尺度的感知终端。人作为"传感器"同样参与了城市感知过程，例如，在遇到突发事件时，群众在社交网络上传的图片或发布的消息，以及城市居民在公交上的刷卡行为，间接帮助城市管理者感知城市公共交通系统的拥挤程度和人们的出行规律。但城市情形非常复杂，这些终端时刻产生具有时空关联特点的、海量的、多源流式异构的实时观测数据，并且这些数据按不同的频率产生，以不同模式汇入感知平台，会形成长时序、多关联、大规模的历史混合数据集，由此产生的时空不均的数据请求会导致有限的计算资源供给失衡，瞬时突发的用户访问将造成高并发读写压力。因此城市治理中心面对实时城市数据集成表达、融合组织、弹性服务、即时协同带来的巨大挑战，应当具有协同多源异构数据的城市感知资源融合处理能力。

例如，想要在通信、燃气等领域的地下管线中放置水浸传感器、氧气传感器、红外摄像头等感知终端，需要构建三维立体化的实时地下布局图，还需要将终端提供的异构数据进行融合处理，从而使整个错综复杂的神秘"地下城"得以清晰展现，这样在发现问题后维护人员只需要通过特定的软件就能够了解地下管线的复杂布局，"透视"整个地下管线的详情。在感知精度上，应在不同的情况下实现米、分米、厘米级别的分层，这个系统既要对城市区域进行大场景还原，也要对具体片区进行精细化呈现，得到不同尺度的城市图景。城市治理中心不仅能获取整个城市每条街道的车辆流量信息，也能发现一只躲在屋顶的猫咪，实现对城市全域的精准洞悉。而在时效性上，城市治理中心则应该包括季度、周、即时等不同等级，在城市治理时，对全过程数据档案的建立提供支持，这不仅能帮助城市管理者及时发现和纠正治理过程中的错误，适应性地调整治理思路，量化评估治理效果和复盘总结治理经验，还能促进城市管理者对城市治理主体权力的运用和职责履行情况进行监督，以达到规范各主体治理行为的目的。而在面对城市管理问题时，通过无人机巡查、摄像头监控、传感器感应等方式主动对垃圾违规倾倒、行人违规通行、建筑违规建造、人流密度过大等城市问题进行识别和监测，然后将与城市问题有关的图片、视频、文字等数据汇集到城市治理中心进行综合分析和决策，确定问题性质和责任归属后再推送给相关人员进行处理，而这一切都离不开城市治理中心围绕城市感知基础体系和城市数字治理体系的建设。这种由"一网一中心"支撑的综合感知信息平台，以数据为驱动，可以实现城市的自然地表要素、人、车、物运动目标和街区复杂场景的在线感知，形成城市级、全周期的数据赋能体系，从基础设施层的物联感知、数据采集、数据传输到智能中枢层的政务数据、国家统计数据、行业数据、互联网数据等数据的融合汇集，形成统一的城市数据目录，面向各主体提供统一标准、不同层次的数据服务，支持城市治理各个环节的数据开发和应用，提供城市群趋势分析、城市运行状态监测和街区个体行为跟踪，为整个城市的管理、决策和服务提供基础支撑，最大化地释放数据价值。

在构建"一网共治"城市治理体系的背景下，要加强全域全网感知能力、海量数据融合运用能力、即时事件驱动的城市智能治理优化能力和人工智能技术应用能力建设，实现城市治理事务的统一决策、统一调度、统一运营和统一执行，进而深入解析城市运行机制，及时发现和诊断城市问题，综合分析城市运行态势，增强城市风险预警预测能力，提高城市治理的前瞻性。

1.2.2　对城市运行趋势和问题演化的及时分析研判能力

城市是一个巨系统，城市治理面临的运行管理问题比较复杂，其间又存在相互交织、跨部门管理等问题。但理论上，任意城市管理问题都可以还原为一组数据。因此，对城市运行趋势及问题演化的分析研判，可以通过分析相应的城市数据而实现，数字技术可以在分析问题上发挥重要的作用。综合信息感知平台和城市感知基础体系解决了对城市治理场景"看得全"和"看得远"的问题，下一步要解决的是"看得懂"的问题，即城市治理中心要在分析研判感知信息后，追踪和监测城市规划建设及管理、城市项目运作、政府权力运行等活动的完整过程，智能分析城市各类参数变化、人类行为模式、突发事件走向和城市发展趋势，为各类城市治理主体适时调整城市治理决策和行动提供依据，优化城市常态全过程管理，帮助城市在发生突发事件后快速转变为应急响应模式。

提升治理能力现代化需要提高对城市运行趋势和问题演化走向的及时分析研判能力。因此，数字治理体系包括作为实体组织机构的数字治理中心，通过构建一套城市运行监测指标体系与城市治理重心指数，并通过城市信息模型集中呈现各个领域的实时信息和城市运行效果，一旦监测城市出现异常情况则能迅速做出反应，并进行态势研判。当有一个专门的数据处理组织负责后，技术能够更加高效地帮助城市管理者获取、存储有关城市管理要素的海量数据并进行分析，在获取相关感知信息后，城市管理者需要对相关信息进行筛选，从海量城市感知信息来源中挑选出符合既定需要的信息，剔除虚假信息及重复信息，按照不同属性的信息进行分类。

分类后，分析研判城市运行数据是实现数据"增值"的关键一步，对城市运行趋势和问题演化走向的及时分析研判能力是一种以社会治理信息为研究对象，利用信息分析方法发现和预测情报信息，从而消除在规划、咨询、决策过程中的不确定性能力。具体来说，数字治理体系勾勒出问题发生的数据模型，帮助城市管理者提前发现问题的"苗头"；数字治理体系构建数据的相关关系并挖掘数据价值，推动时空数据关联，赋能城市管理者找出问题与问题之间的联系；数字治理体系辅助城市管理者快速寻找问题的原因。通过信息研判，治理主体能够在复杂、多样的信息中抽丝剥茧，拨开信息"迷雾"，发现问题本质，从而帮助城市管理者精确分析城市管理问题，科学预测社会事件的发展趋势，以确保人民安居乐业、社会安定有序。

总之，数字治理体系在城市治理中的深入嵌入与运行，客观上可以提高城市管理者对城市问题发展规律的认识，提升其对城市问题的分析能力，帮助城市管理者进行前瞻性的预判、制定全局最优的决策方案和有效应对各类突发事件。

1.2.3　对城市各类重大事件、活动和疑难问题的联动实时处置能力

问题处置是数字治理体系的最后一环，在综合信息感知平台和城市感知基础体系解决了对城市治理场景"看得全"和"看得远"的问题，数字赋能中台解决了"看得懂"数据的问题后，就需要实时联动落实处理这些城市各类重大事件、活动和疑难问题。

数字治理体系改变了城市数据的感知方式、分布结构和使用模式，打通了整个城市数据脉络，重塑城市数据结构。从感知方式看，物联感知体系实现城市数据的直接获取，能够实时感知城市运行状态，及时发现城市异常情况；从分布结构看，分散在各领域的数据全都汇集到数字治理中心进行统一管理，能够被标准化处理和广泛共享；从使用模式看，可以对经过汇集和处理的数据进行排列组合，根据不同的应用场景形成数据模块，并提供给相关主体使用。在这一环节，各类重大事件、活动和疑难问题的处置落实需要由具体负责的行政机构和专业部门负责。而数字治理体系应为这些重大事件、活动和问题提供明确的处理标准，包括处置时限、处置方法、处置结果等。涉及多个负责部门的，数字治理体系还需要提供良好的联动处置策略，使这些部门可以按照既定的标准，协同工作，形成合力，从而妥善解决城市问题。

形成联动实时处置能力需要实现各部门的联动，即通过城市治理平台整合政府内部机构之间的功能，同时将"纵""横"两条线，包括纵向的层级结构和横向的部门结构整合，构成一个整体联动处置模型。在这个模型中，跨层级整合主要涵盖市、区两级政府，市、区、街道办三级纵向管理体制。跨功能整合主要在政府内部彼此功能重合的部门之间进行，例如，城市规划部门和土地管理部门的整合。跨部门整合主要是将政府部门与非营利性组织、私营企业的工作进行整合，实现公私组织互助互利，多元协同发展。具体而言，数字治理体系改变了城市管理者处置问题的方式。数字治理中心的应用促成统一指挥，数字技术的深度嵌入推动应急、交通、公安、市场监管等机构的后台数据在城市治理中心上持续汇集，使多机构彼此间可以交换相关数据，也可以通过同一个系统调取所需的数据，数据维护统一采集、编码、

更新,使各方获取的数据保持一致,增强了城市政府的统一指挥能力。在遇到"事件"类问题时,提高了城市管理者对人、社会组织等要素的监控,方便联合惩戒、综合执法、组团服务等开展行动,帮助城市管理者更好地解决"事件"类问题。同时,数字治理中心的应用可以优化资源配置,推动问题解决技术,改变城市管理者对城市问题的发生规律的认识,帮助城市管理者做出更优的资源配置决策,把有限资源投放到问题最突出的地方。提升问题预防能力,帮助城市管理者对问题进行分类,推动优化相关决策,预防出现问题与提前解决问题。

数字技术的应用帮助政府提高了对城市各类重大事件、活动和疑难问题的实时处置能力。首先,数字治理平台在基于对过去发生的事件、案例、应急机制等数据的采集、清洗和规范化处理,构建了基础数据库。然后根据一定的逻辑规则对数据库中案例库的数据(事实、概念)进行知识表示、构建本体,经映射形成案例知识库;提取新发生的重大事件特征并进行语义搜索,基于机器智能与专家系统相融合的方式从案例库中检索与目标案例匹配或近似匹配的案例,将案例检索结果在新案例中重用、优化并检测新案例解决方案的成熟度,最终为应急管理部门推荐相应的决策方案。而在数字治理中心对城市运行趋势进行研判并做出决策后,数字治理平台自动生成决策方案,基于城市大数据和城市信息模型对问题场景和决策方案进行仿真,可视化呈现决策效果,再通过智能操控平台快速形成决策建议,自动分发给相关部门予以执行,或直接向智能设备发布任务指令。然后动态跟踪和监督决策的执行情况,根据实时反馈的数据进行效果评判和经验总结,缩短从感知数据获取到综合决策的周期,实现公共决策的迭代优化,从而快速协调各相关部门共同对问题进行处理,形成高效率、有弹性的协同工作机制。这种以解决问题为中心的工作机制降低了制度性交易成本、提高协作效率,在一定程度上破解了城市治理协同、全周期管理和应变能力等难题。

1.3 "一网共治"数字治理体系的理解及路径初步研究

1.3.1 国家治理体系及治理能力提升集中数字化体现

当前,大数据和人工智能等信息技术已经开始深刻地影响人类社会发展和政府治理。在公共管理中引入先进的信息技术与数据系统成为数字治理的新动向。数字时代改变了人们获取信息、与人交流、组织活动和获得服务的方式,分隔于全球不同地理空间、不同时区的个体和群体越来越高度互联、高频互动,经济发展、社会生活和政府治理加速进入全面数字化。为应对数字时代的挑战，我国政府制定了推动数字产业、信息产业和人工智能发展的战略和政策，积极推动政府治理变革。

政府能够借助迅猛发展的数字技术进行社会治理，利用互联网、物联网等进行数据收集、存储及关联分析，全面感知社会事项和群众所需。新一代信息技术的飞速发展和数字时代的到来给城市治理带来全面挑战，技术创新驱动治理理念、治理制度、治理工具、治理技术和治理能力的全方位变革。数字治理体系促进城市高质量发展与高效能治理，构建高品质的宜居城市，为群众创造美好城市生活。

"一网共治"数字治理体系能够帮助城市管理者洞悉城市运行规律，构建城市治理的闭环链条，促进城市资源的灵活使用，践行以人为本的城市治理理念，推动治理协同、服务升级、科学决策、创新实践，是国家治理体系和治理能力集中提升的数字化体现。

首先，"一网共治"数字治理体系带来了更全面的数据融合能力，综合集成的"一网共治"数字治理体系能够有力地支撑技术融合、业务融合、数据融合，实现跨层级、跨地域、跨系统、跨部门、跨业务的协同管理和服务。基础设施和共性平台的建设、各类资源的集中管理和技术模块的重复使用，可以为政府内部结构优化和城市治理各个环节提供基础支撑，通过城市信息模型和动态数据加载可视化展现城市的发展变化，让城市治理前台（包括城市状态、群众需求等）和后台（包括态势研判、综合决策等）得以充分连接和融合，为城市治理闭环链条的构建奠定坚实的基础。"一网共治"数字治理体系通过数据的全面采集、资源的开放共享、技术的共同研发、需求的充分感知、服务的人机交互等方式，将分散在不同领域和不同系统的数据资源进行汇聚融合，使共性技术能力能够被重复使用，使政府、企业、行业组织、科研机构和群众等都融入城市治理体系中，形成以应用场景为基础、以问题为中心的资源使用模式。

"一网共治"数字治理体系的各类共性开放平台按照统一标准向各类主体提供可以重复使用的通用资源，包括信息基础设施、数据资源、算法代码、计算资源、模型资源等，以及数据、场景、仿真等基本服务，实现城市治理资源的集中式建设和管理。各类主体不再需要单独投资建设基础设施和采集数据，也不需要担心技术的迭代更新带来资源浪费和需求无法满足等问题，对平台资源可以按需获取、即拿即用，由平台进行更新、升级和维护，从而降低使用主体的建设成本、资源获取的时间成本和主体间的沟通成本，优化各主体获取资源的路径，提高城市资源使用的灵活性。在发生突发事件时，数字治理体系也能够迅速匹配相关城市治理主体，合理配置数据、技术、人力等资源，帮助各类主体快速响应。

其次，"一网共治"数字治理体系带来了更敏锐的"城市脉搏"感知能力。数字治理体系梳理整合了适应信息时代数字城市发展要求的城市感知体系。一方面，城市感知体系涵盖了城市自然资源、地形地貌、基础设施及建筑环境等城市要素的感知，包括城市地下（地下管线、地质资源）、地表（自然地貌、水土环境）、地上（交通网络、城市建筑等）等不同维度的城市空间，这些基础地物要素组成真实的城市场景，也是城市各类主体活动的重要载体；另一方面，城市感知体系涵盖了社会资源要素和主体活动，其中，社会资源要素感知包括对城市经济、教育、医疗、科技、安全等不同行业的社会服务资源的感知，发现不同的资源要素在不同行业要素体系中分工协作的情况，支撑行业的高效运转，带动要素资源自身的循环流动；而主体活动要素感知则是感知在社会要素运转流动中产生主体作用的人，从而发现政府部门、企业及居民个体等不同层面活动主体间的联系，以人为核心，把握环境、场所、设施等不同城市要素资源的脉搏。总体上实现了在治理过程中对城市运行状态信息进行动态监测，把握城市运行规律。

再次，"一网共治"数字治理体系带来了更强大的预测仿真推演能力。数字治理体系综合运用物联网、虚拟现实、GIS及数据库等技术，根据数理模型分析方案与城市发展现状对城市运行开展预测仿真推演活动，集成城市规划建设、行业要素运行管理等信息，形成集空间信息和属性信息于一体、支撑用户实时交互的仿真环境。通过将城市不同系统领域的情况视作一个运行体系进行整体考虑，利用系统中不同主体活动将各类城市资源进行协同整合，由此系统化构建服务于各领域业务应用的分支仿真模块，体现出模型研究应用的针对性与目的性，对实体空间环境中要素运行过程进行全方位感知、要素模拟并预测人的活动对城市空间的影响，可以对活动空间进行可视化表达，最终为城市治理体系的建设与管理提供科学支撑。

最后，"一网共治"数字治理体系带来了更透彻的城市规律洞察能力。数字治理体系作为智慧城市的神经中枢，支撑了各种动态信息实时接入、加载、时空关联与融合计算，为不同部门分析人员提供统一的研究本体框架，也为城市决策管理者多角度、全过程认识城市发展、洞察城市规律提供了统一的平台。对城市管理部门来说，可以基于数字治理体系相应地开发不同业务领域的应用系统，辅助不同业务部门进行业务操作，支撑城市管理者对城市要素运行与城市问题成因进行全方位的认知与理解，进而使城市管理者进行全过程管理与实时把控。借助数字治理体系，城市管理者可以对城市空间的分布、利用效率、配置情况进行监测模拟，实时反馈城市空间的运行状况，针对局部地区资源短缺、利用效率不高的困境，实现城市资源和能源的优化配置利用。以城市运行轨迹数据为线索，对城市各类主体运行全过程进行实时跟踪与记录，展现城市实时运行状态，模拟城市空间发展趋势，服务城市现状评估与未来发展决策研判，提升城市管理的决策水平。实际上，"一网共治"数字治理体系就是通过对城市各环节、城市政府、企业及居民活动的实时感知、分析、仿真及对城市规律的深度洞察，在把握城市发展实时动态的同时，进一步预测未来城市在重大政策、挑战、事件及风险等环境下的变化方向、承载或应变能力，进而支撑城市管理者制定科学的应对决策和管理措施。

1.3.2 数字赋能城市治理实时动态

1. 实时感知数据

物联感知数据的真实性可以反映城市实时的运行状态，数据必须来自权威机构或各政府单位，通过物联感知设备采集交通、治安、供水、供电、供气、供暖、环境、通信等方面的实时数据，对城市基本运行情况进行持续监测与动态分析，直接反映城市的整体架构、气象环境情况、基础建设情况、交通运行情况、能源供需情况、通信服务情况等。

2. 互联网信息

城市治理需要以互联网信息为基础，互联网信息在汇集民情民意上极具优势。如今互联网与人们的生活息息相关，大数据汇聚了来自新闻媒体、微博、短视频等平台的海量信息，反映了城市生活中的具体感受、诉求等。互联网信息作为感知城市内部实体间关系的重要抓手，应与政府数据结合，以实现应用效果的最大化。目前政府掌握的数据只是城市大数据的一部分，海量社会数据还存储在互联网公司、电信运营商，甚至是第三方公司，部分城市在治理过程中发现政府数据缺乏与这些数据的全方位融合与协同。随着数据生产要素地位的提升，以政府数据协同社会数据将推动数字经济和城市治理的发展，保持城市经济的长期稳定发展。

互联网信息在电子政务领域实现价值凸显，一些城市政府通过搭建互联网政务服务平台，不仅实现了各部门之间的资源共享和互联互通，同时实现政务服务的"一网通办"。国家人口库、法人库、社会信用库等基础数据库被进一步激活，工商、质检、社保、税务等行业业务数据库进一步完善，进而丰富了城市数字治理的数据来源。

提升城市"一网共治"能力的关键是城市全要素互联网数据实现互联互通。技术和产业开放生态的构建可以促进城市全要素互联网数据的连通。在后续城市治理过程中需要制定统一的数据标准、数据原则、数据协议等，形成对数据的一致理解；需要联合各方参与城市数据治理，保持开发共享，保障各方的利益，逐步实现政务数据和社会数据的汇聚、汇享、汇用；打通数据流通节点，实现数据资源全流程闭环管理。探索发现更多的数据也是城市治理的关键，未来，城市需要运用知识图谱、多模态检索等技术增强对海量异构互联网数据的深度发现能力，以全局洞察城市数据，实现数据驱动的城市治理。

随着政务服务"一网通办"的大面积推广，城市建设将更加关注"一网共治"的城市治理领域。政府业务数据融合物联网感知数据、互联网数据甚至企业数据等，推动了城市治理中数据的多元化，实现了从封闭的政务信息资源向开发共享的城市大数据的转变。

1.3.3 工具赋能城市治理协同高效

1. 数据层面

（1）数据处理中心建设

城市数字治理的基础底座是数据处理中心的建设，数据处理中心需要具备数据接入与存储、数据处理和数据加工等能力。

① 数据接入与存储。利用现有网络，接入城市基础设施感知子系统、汇聚设施中各类设备感知的海量数据，并将数据存储在数据处理中心的存储集群内。

② 数据处理。对接入的感知数据进行数据提取、数据清洗、数据关联和数据统计，并将处理后的结果进行分析、存储。

- 数据提取：根据数据定义，从接入的海量感知数据中提取指定格式数据，作为数据清洗和数据关联的基础数据。
- 数据清洗：对接入的数据进行过滤格式清洗、去重等。
- 数据关联：根据规则和算法，对接入的海量感知数据进行关联，并输出关联信息。
- 数据统计：根据定义好的统计指标进行统计分析，并将统计分析结果存储至分布式存储集群，为业务处理中心提供服务。

③ 数据加工。进一步加工数据，包括数据融合、轨迹追踪、事件分析和设施状态分析，并上报至业务处理中心。

- 数据融合：采取智能融合算法对接入的多设备、多系统的感知数据进行融合。
- 轨迹追踪：通过目标特征、轨迹分析和轨迹预测等智能算法，对目标进行追踪，确保其在全路段的追踪标识保持一致。

- 事件分析：利用融合后的数据，结合管理规则，分析事件。

- 设施状态分析：采用智能算法分析判定基础设施的状态和预测可能存在的隐患，并上报业务处理中心进行处理。

（2）城市大数据采集与获取

采集与获取城市大数据可以实现城市数字治理，其主要实现多源异构城市大数据的接入、查询检索、入库归档和组织管理等功能，提供对物联感知数据、城市运行管理数据、突发事件数据、舆情民意数据等城市数据的引接与汇聚能力，"四线"的数据来源可以是权威机构（占比70%）、半权威机构（占比20%）、民意（占比10%)3类，最终汇聚形成数据资源池，为大数据组织分析和决策支持专题分析提供稳定的数据源。

① 物联感知数据获取。物联感知数据必须由权威机构提供，或由相关政府部门提供。物联感知数据包含城市内部各实体、实体间互相联系等，此类数据可以对城市运行的基本情况进行动态监测，例如，超市消防通道的门未打开、建筑垃圾随意堆放、地下天然气管道泄漏等。这些过去需要人工巡检、群众举报才能被发现的问题，现在都可以实现监测、预警。物联感知数据只有真实可靠，才能实现对城市基础环境运行情况的实时监测与综合分析。

② 城市运行管理数据获取。城市运行管理数据主要由政府部门提供，可以通过商业手段或与相关平台进行合作的方式，充分整合社会服务资源，重点利用好手机信令、共享出行等数据、企业注册等高附加值的第三方数据，快速获取城市经济运行、产业发展、生态保护、交通治理、旅游发展、安全生产、医疗、教育、食品、水电等能源资源领域的相关情况。

③ 突发事件数据获取。突发事件数据一是来自政府、应急部门提供的数据；二是基于报纸、网络录入各类突发事件数据，例如交通事故、地质气象灾害等；三是由群众上报的数据，未来可以考虑基于12345热线信息录入突发事件的数据，保证日常管理状态下的事前管理、风险识别、决策分析、善后工作等。

④ 舆情民意数据获取。舆情民意数据以"便民、利民、惠民"为宗旨，按纵向遵从、横向兼容原则，充分整合社会服务资源。一是通过商业手段购买社会数据，二是录入权威媒体舆情数据，三是群众上报征集，由城市政务平台类App反馈数据等。

2. 服务层面

数据只是城市治理过程的第一步，"一网共治"的关键在于高效、快速地为人民服务，需要具备线上线下联动服务的能力。线上通过标准化的数据接口为政府各管理部门提供数据分析能力，充分结合技术与人才，既要通过城市大数据发现问题，更要各管理部门迅速做出反应。

城市治理需要在服务场景开发上坚持需求导向，聚焦解决群众涉及的安全问题等，例如通过物联感知预警超载车辆等。

目前，数字城市各类应用仍处于碎片化开发状态，行业解决方案壁垒较深，需要进一步解析、提炼、封装等构建通用化的行业应用算法模板，为城市规划仿真、应急疏散模拟、交通方案优化等城市治理及各行业精准规划、方案优化提供支持。

3. 基础能力层面

（1）一体化"数据中枢"

为提升经济运行、公共服务、精细化管理等城市治理能力，各级各部门公共数据资源将全部纳入统一管理，推动数据、算法、服务等共建共享共用。打造数据应用总门户，搭建集数据建模、隐私计算、数据分析与可视化于一体的若干服务中台，构建政务数据和社会数据深度融合应用的"数据中枢"，为全社会开发利用公共数据提供一体化、智能化服务。

（2）BIM[1]+GIS 管理平台

基于统一的标准规范和时空一体化信息、物联感知数据，以及自然资源局、住房和城乡建设部、国家发展和改革委员会等各部门专题数据资源体系，将城市治理中的能源管理、环境管理、政务管理等集成起来，搭建 BIM+GIS 管理平台。该平台提供用户管理、日志管理、统一认证、平台监控等功能，支持获取城市物联感知数据及其运行监测，实现对城市建筑、城市交通、城市能源、城市环境等状态的监控与预警，落地智慧安防、智慧消防、智慧教育、智慧环保、智慧政务、智慧医疗、智慧城管等场景。

通过 CIM[2] 数据更新编辑应用程序接口（Application Programming Interface，API）开放平台，吸引全社会用户参与使用，以融合更多的实体数据，同时通过大屏、网页、移动端等多种数字化可视界面进行直观展示，增强群众对城市信息的全面了解，进一步提高群众在城市治理过程中的参与度。在场景数据采集、建筑建模、业务指标建模、实体场景建模、物理模型构建等工作的基础上，BIM+GIS 管理平台与物理城市同生共长，实现"一张图"展示城市布局属性、规划成果、运行状态。

1　BIM（Building Information Model，建筑信息模型）。

2　CIM（City Information Model，城市信息模型）。

（3）数据可视化平台

数据可视化平台的建设能够实现一屏可观全局。数据可视化平台提供可视化引擎，支撑移动端、计算机端、大屏端的动态可视化展示，是全新一代以数据为驱动，轻量级、高性能、高扩展的可视化引擎平台。该平台基于标准化的可视化表示语法，内置100多个可视化组件，支持屏幕远程控制、键盘导航及复杂交互；引擎采用自适应设计，可在大屏、投影仪、电视机、个人计算机、手机等多种显示设备上访问，并适配非常规拼接屏幕；可与数据中台、视频中台等系统进行集成，支持数据动态请求，实时接入数字、文本、图片、视频等结构化或非结构化数据，并通过地图插件支持各类 GIS 服务。

数据可视化平台提供可视化组件，支持数字仪表盘、柱状图、饼状图、折线图、雷达图、组合图表、仪表盘、列表、文字、多媒体等，支持二维地图、三维地图组件，支持基于二维和三维地图动态轨迹、飞线、热力、散点、区域分色等空间可视化表达，支持地理数据的多层叠加。可视化组件库能够提供图表动画支持、图表筛选过滤组件支持、图表联动支持等。

（4）综合指挥平台

按照"一网整合数据、一屏可观全局、一体应急联动"原则，高标准推进一体化综合指挥平台建设，形成高效协同的经济社会运行态势感知体系和可视化指挥调度体系，全面提升综合指挥调度、各类事件预警、分析、研判、决策、指挥等功能，支撑重点领域突发事件跨层级、跨部门、跨业务的协同联动处置，为建设新一代"城市大脑"提供平台支撑。

（5）统一公共支付平台

统一公共支付平台在各政府部门信息互联互通和金融机构对接合作的基础上，让数据得以共享，实现企业、群众一次性办理业务缴费，提升线上支付等政务服务便利化水平。该平台可以提供生活缴费、医疗保险资金缴纳、交通违法罚款缴纳、考试报名费缴纳等服务，涉及财政收费、法院收费、公安收费、工商收费、捐赠资金、民政收费等业务。

1.3.4　科技赋能城市治理智能创新

1. 物联网

城市数字治理基于城市物联感知建设，且遵照标准化规范体系，实现按统一的标准进行终端设备感知、数据采集及交换、信息化体系架构、平台场景化应用等建设。物物相连是物联网的基础，感知技术与城市基础设施叠加，可以为社会提供全面的感知服务。物联网感知层涉及的技术众多，其中，自动识别技术实现数据编码、采集、标识、传输，包括条码识别技术、射频识别技术、语音识别技术、生物特征识别技术、图像识别技术等；传感技术通过将物理量、化学量、生物量转化成数字信号，可感知到温度、流量、湿度、速度、压力等数据，为物理世界的感知提供信息来源；定位技术包括无线电波定位、传感器定位、卫星定位等。

物联感知设备已从原先的独立部署，分散应用，演变成如今的统筹规划、建设，集中部署、运维，同时保持共建共享、统一管理原则。物联感知设备通过标准化的接口与调用平台，建立现实世界与数字城市之间的相互映射，实现智能对接，为城市治理提供海量的实时数据，使城市具备自主探索、自主学习能力。

2. 人工智能

城市治理在以往是以供给为导向的，响应速度和效率长期滞后于现实需求。如今城市治理需要借助智能技术推动构建普惠化公共服务体系来响应群众需求。在城市治理领域的日常工作中也存在全天候、全时段治理需求与有限人力间的矛盾，例如公共安全、应急管理、城市交通等，因此如何在城市层面通过新技术的快速部署，构建打破时空限制的全天候治理响应能力，已经成为城市治理不得不解决的问题。

以人工智能为代表的新技术将成为城市治理的关键驱动力。人工智能与大数据、5G等技术的融合，可以快速形成各种低成本、普惠化的智能应用，具备高效、无间歇等特性，助力即时治理全时响应的社会治理体系建设。人工智能将促进新技术的市场化应用，推动城市产业结构升级，催生新产业、新业态、新模式，进而实现城市经济高质量发展。

人工智能作为城市治理的重要工具，被应用到城市云平台、物联网终端、用户终端、协同平台等多个部署场景，使人工智能被政府快速调用，在降低服务成本的同时，也提升了响应速度。例如，违停、逆行、倒车等交通违章现象，通过机器学习平台赋能摄像头等终端设备，可快速获取、应用视频智能识别分析能力，针对异常事件实时告警，在大幅提升治理效能的同时，实现对执勤办案人员的减负。

3. 数字孪生

（1）数字孪生技术

针对城市治理的系统复杂性和响应及时性的要求，数字治理体系迫切需要技术应用实现新突破，以全局视野支持从物理空间到数字空间实现精准映射、感知交互、智能监测和仿真。数字孪生技术集成新型测绘、建模仿真、深度学习、智能控制等技术，具有城市风险自动发现、城市运行规律主动洞察、人和物轨迹追踪回溯、事件精准定位管控、决策分析推演、预案仿真演练、预案优化和执行、要素资源高效配置等多种能力，全面感知"城市脉搏"，实现数字孪生城市与物理城市的精准映射、虚实融合、智能定义，打造数据驱动业务、业务融合智能、智能服务场景、场景交互系统、系统虚实管控的新型城市治理模式，该模式对构建城市现代化治提供了强有力的支撑。

数字孪生将依托城市信息模型重构城市数据结构，面向城市全要素整合对象的物理属性、时空属性、业务属性等数据，形成一个城市级共用的数字孪生平台，支撑日益复杂的数据处理与多样性的网络接入。数字孪生平台需要具备端到端的 IT 服务能力，从功能角度划分，包括物联网平台化能力、网络虚拟化管控能力、大数据平台能力、视频汇聚分析能力、融合通信能力、地理信息服务能力、孪生模型设计与管理能力等。数字孪生平台可以与城市建成的城市建设、城市管理、城市体检、城市安全、住房、管线、交通、水务、规划、自然资源、工地管理、绿色建筑、社区管理、医疗卫生、应急指挥等领域的应用集成，在一定程度上决定了物理城市与数字城市间虚实连接的数量及交互质量，并基于孪生数据服务、孪生业务服务和孪生集成服务开展城市运营监测和城市仿真预测预警两类的应用建设与运行。

数字孪生可以成为一个城市治理创新的试验沙盒，通过仿真试错，提前了解城市特性、评估规划和建设后果，让很多受限于物理实体而无法验证的城市管理理论与无法执行的操作变成可能，有利于城市规划不走弯路，城市建设可观可控，城市管理有据可依。目前，已有部分城市政府以数字孪生模型为底座，构建城市虚拟化数字实体，打造规划、建设和管理全过程可视化、可模拟、可分析能力，赋能土地规划、工程建设、城市管理等"规建管"应用场景，全面提升城市规划与建设管理的数字化、智能化水平，实现城市规划自动修正，城市建设全程可控，城市运行精准呈现。

（2）数字孪生城市框架

① 数字孪生城市功能框架包括物理空间模型设计、数字孪生镜像层（孪生平面）设计、数字空间模型设计、应用仿真层设计。

● 物理空间模型设计：依据"DOS"工程方法[1]，分别设计物理要素层，主要包括人、物、组织、

---

1 "DOS"工程方法是识别、优化与场景创新组合的一套指导数字孪生建设的方法；识别（Discriminate, D）包含识别主题、识别对象、识别关系、识别边界、识别技术、识别数据、识别状态；优化（Optimize, O）包含优化系统结构关系、优化系统资源配置、优化系统外部干预条件；场景创新（Scenarios innovate, S）可以让很多由于物理条件受限、依赖于真实的物理实体而无法验证的城市管理理论与无法执行的操作变成可能。

环境等关键主体要素特征与定义；物理规则层主要包括系统中的人、物、组织、环境内外部要素间的逻辑关系与业务流程；物理模型层主要建立涵盖系统主体要素、主体间关系、系统边界及外部约束的物理模型。

- 数字孪生镜像层（孪生平面）设计：主要包括智能终端、连接网络和数字化平台等 IT 能力的设计。用合理的技术手段，获得物理系统的数据状态并进行分析，同时提供有效技术预测的能力。

- 数字空间模型设计：建立与物理模型映射的数字表达，主要包括实体孪生、关系孪生和模型孪生。值得关注的是，物理空间模型到数字空间模型的映射，不一定是可视的，甚至可能仅是一个简单的数据，重点是采用孪生思维，聚焦解决问题的本质。

- 应用仿真层设计：通过数字模型实现对物理系统的模拟／预测，获得解决问题、优化城市的最优方案。

② 数字孪生城市数据框架由宏观、中观与微观共 3 层不同颗粒度的数据框架组成。该数据框架围绕数字孪生城市数据体系建设和管理全过程，整合、集成和规范时空基础数据、工程建设项目数据、公共专题数据和物联网感知数据等数据资源，由按尺度分级的基础地理信息数据库向按地理实体分类的无尺度基础时空数据库转变，实现不同精度、不同层次、不同时相的地理实体数据集成，形成地上地下全域空间立体的三级数据框架体系，为数字孪生城市运行管理提供统一的数据底板。

- 城市宏观数据框架：城市宏观数据框架包括两个部分，一是以卫星遥感数据为主的覆盖城市的山水林田湖草等大颗粒度城市自然资源宏观数据框架；二是利用先进的机载、车载、船载、背包式等新型测绘设备，通过无人船、无人机航拍等新型测绘技术有效覆盖陆地、海洋、天空等，基于面向地理实体对象的增量式数据更新，实现海量城市实体地理信息的快速更新和动态调整。

- 城市中观数据框架：由按尺度分级的基础地理信息数据库向按地理实体分类的无尺度基础时空数据库转变，通过地理实体建库技术，实现不同精度、不同层次、不同时相的地理实体数据集成，形成室内室外、二维三维、历史现状一体化的全空间城市信息模型，支撑基础地理和城市专题数据融合。

- 城市微观数据框架：城市微观数据由地理实体最小颗粒度组合的城市物联场景组成，例如，道路交通物联、个人物联、建筑物联等场景，将地理实体间或人与地理实体间的实时属性挂接，包括地理实体语义、地理实体位置、地理实体城市属性、地理实体关系及地理实体演化过程等属性，实现场景的孪生能力。

（3）数字孪生城市治理

全域连接是数字孪生城市治理的重要基础。一方面，随着 5G、物联网、射频识别（Radio Frequency Identification，RFID）等技术的日益普及，体验和业务驱动连接与计算无处不在；另一方面，随着卫星定位及通信技术的不断发展，以高精度定位和卫星通信的时空连接将在经济社会各领域得到广泛应用。基于标识的全域联接打通了云、人工智能、边缘计算、物联网、高精度定位、高清视频等新技术的壁垒，使行业数据采集、传送、存储、计算、分析及反馈实现了闭环，实现"端、边、网、云"贯通的自治化分布式体系，成为数字孪生城市治理的重要基础。

三维模型是数字孪生城市治理的主要载体。随着自然资源部对"实景三维中国""三维立体自然资源一张图"建设的全面推进，测绘地理信息在经济社会各领域得到广泛应用。倾斜摄影、无人机、BIM 等技术，可实时、准确地获取城市局部的正射、倾斜或 Lidar 点云数据及单体建筑工程三维数据，然后依托实景三维重建技术、激光点云三维构建技术和多源数据融合等技术，通过自动化处理流程技术，获得三维点云、三维模型、正射影像、数字表面模型和建筑信息模型等测绘成果的模型。在数字孪生时代，测绘地理信息行业从传统的地图产品制作转为面向城市治理、社会经济、专业建设和大众民生应用的服务行业，数字孪生城市更加需要新型测绘的强力支撑，对时空大数据管理、地理监测、高精度实体化测绘等方面提出了更高的要求，基于新型测绘构建的城市三维模型是数字孪生城市治理的主要载体。

实时监测是数字孪生城市治理的基本诉求。数字孪生城市的本质是城市级信息模型赋能体系，通过建立基于立体感知的数据闭环赋能新体系，利用物联网、大数据、云计算、视频感知、数字仿真、VR/AR[1]、区块链等关键技术，以积木式组装拼接，生成城市全域数字虚拟映像空间，实现对物理世界的实时监测。为了让数字孪生城市能够动态、实时地模拟真实世界的运行，需要内置强大的计算能力，边缘计算和云计算能为数字孪生城市与现实城市平行发展提供算力支撑，保证两者相互补充和相互作用。运用仿真技术，可以进行自然现象的仿真、物理力学规律的仿真、人群活动的仿真、自然灾害的仿真等，为城市规划、城市管理、应急救援等制定科学决策，促进城市资源公平和快速调配，支撑建立更加高效智能的城市现代化治理体系。VR/AR[1]不仅是下一代显示技术，更是数字化进程中最重要的数据采集及互动的接口，VR/AR 发展浪潮冲破了许多原有的界限，教育、军事、医疗、文旅、地产等细分领域都已开始引入三维虚拟场

1　VR/AR（Virtual Reality/Augmented Reality，虚拟现实 / 增强现实）。

景或应用内容的全新交互体验方式。城市运行态势的多维度、多层次精准监测,是数字孪生城市治理的基本诉求。

智能预测是数字孪生城市治理的高阶智慧。数字孪生城市对人工智能领域数据挖掘、深度学习、自我优化技术的应用,可以使城市从以往单域智能、被动响应逐步转变为全域协同治理、智能响应、趋势预判的模式,构建高效智慧的城市运行规则。深度学习核心应用技术包括计算机视觉、自然语言处理、生物特征识别、知识图谱等,从已有城市数据中挖掘出新的数据并结构化当前数据,并将数据与数据联系起来以形成决策的基础模型,经过不断的试错,推动系统不断自优化,实现数字孪生城市内生迭代发展,最终为城市提供智能预测,呈现数字孪生城市治理的高阶智慧。

第二章

"一网共治"城市治理新体系

2.1 目标："共建、共享、共治"的高质量城市治理

2.1.1 打造数字底座，实现"共建"

1. 打造新一代云平台

近年来，智慧城市、无线城市、感知城市、光网城市、数字城市、孪生城市等新概念、新思路不断涌现，"互联网+"技术正在积极推动智慧城市的发展，成为破解城市治理难点和痛点的关键抓手。物联网、大数据、云计算、人工智能、数字孪生、区块链等新一代信息技术发展日趋成熟，在城市建设中的作用日益凸显，尤其是在以数据化、服务化和智能化为核心的智慧城市建设过程中，新基建的迭代加快了城市治理结构体系完善的步伐，夯实了数字生态底座。在城市信息化、智能化的建设过程中，云计算扮演类似"操作系统"的重要角色，将通信网络基础设施、计算服务基础设施与新一代信息技术基础设施紧密联结，实现各类基础设施科学协同配合、高效智能运转。其中，云平台作为城市数字化、智慧化建设的重要基石，能够为城市管理者提供综合运营维护、业务互联互通、数据开放共享、智能分析决策等方面的公共服务。

目前，以基础网络为根基的云平台建设即将迎来新的发展阶段，不少城市已经不再满足于建设"政务云"，而是开始建设支撑整个智慧城市运行和管理的"城市云"。同时，云平台提供的功能也不断拓展，不再局限于以计算、存储为主的服务，而是向着以算力为核心的各种计算服务逐步拓展，从而建设能够为智慧城市各个智慧应用场景提供全面支撑的城市智能云平台。

（1）建设原则

打造城市治理新标杆，推动智慧城市"一网共治"落地，助力数字政府建设，积极推进城市级云端算力平台建设，在建设过程中应坚持以下原则。

① 统一规划、统一建设。在兼顾前瞻性与可扩展性要求的同时，充分发挥成熟技术的能力，以国际先进、国内领先的案例为标杆，在设备规划采购、安装选型等方面，深度考虑云服务相关标准的扩展支持能力，适度超前规划、统筹布局、集约建设、分步实施，从而搭建高度统一的城市级智能云平台。

② 全面统筹、按需服务。按照集约建设的原则，全面统筹协调各区、各部门的云端业务，

整合内外部资源，用户根据角色权限和业务需求调用云服务，实现资源的高度共享与融合，推进城市级云平台模式先行，为政府相关部门提供高效、安全、可按需使用的智能云服务。

③ 融合共享、创新应用。坚持以应用服务为导向，在技术层面支持与第三方云平台无缝对接，助力实现数据深度融合与业务融会贯通，改变以往部门系统分割、烟囱林立、业务隔离、资源分散的局面，推动政府、企业、个人在城市治理、民生经济、产业发展等领域的创新应用。

④ 统一保障、安全可靠。统一安全保障，遵循国家安全标准规范，确保云平台安全可靠运行，保障数据不被窃取、破坏和滥用。结合数据安全建设框架，从技术、管理、过程和运营等方面着手，切实保障云服务的安全输出与数据的安全运行。

（2）建设内容

从城市是"生命体、有机体"的全局视角出发，以解决城市发展过程中面临的诸多治理问题为目标，在充分整合内外部数据资源的基础上，结合大数据、云原生应用与区块链技术，打造大规模弹性云计算基础设施，建设以数据、算法和算力为核心的"一站式"云平台，承载各类政务应用，实现业务应用有效协同、数据资源汇聚共享、信息系统整体部署、基础设施共建共用，通过基础设施即服务（Infrastructure as a Service，IaaS）、平台即服务（Platform as a Service，PaaS）、软件即服务（Software as a Service，SaaS）3 种形态为智慧城市的上层应用提供存储能力和计算支撑。其中，IaaS 层能够兼容多种社会私有云，利旧纳管、统一服务，并通过构建异构算力资源池，统一调度 AI 算力、区块链算力和高性能算力等资源；PaaS 层重点提供分布式云原生能力、大数据平台、分布式关系型数据库、云上开发、分布式中间件能力；SaaS 层面向城市的各类智慧应用，提供敏捷、高效的服务，精准满足数字政府基础设施建设需求。

此外，针对部分专业性较强、安全要求相对较高、信息量庞大的城市级行业应用服务，结合实际应用需要，也可以继续部署在原来建成的行业云平台上，但是需要进行统筹管理、迁移和升级，依据统一的规范与管理办法，逐步与智能城市云平台实现整合对接。同时，在保障信息安全和网络互联互通的基础上，以信息资源共享平台为桥梁，实现各类业务数据的共享，致力于打造以数据共享和资源互联为基础的智能云数据中心体系，对云平台之间的各类接口进行统一的监控与管理，从而为各级政府部门业务协同提供高效支撑。

同时，基于安全性考虑，应布局搭建智慧城市主数据中心及同城冗余副数据中心，以有效支撑关键政务应用系统实现同城双活，依托光纤网络资源保障业务的连续性，通过超大数据中心，有效满足部署在智能云平台上的各部门应用系统与相关行业机构系统的互联互通、计算服务、资源调度等方面的需求。另外，为避免灾害影响，具备良好条件的地区可选择建设远程灾备数据中心。当意外灾害发生时，快速恢复核心业务系统，保障重要数据不丢失。异地远程灾备数据中心主要承担各类政务系统的数据级容灾，应对区域性重大灾难。

2. 构建全域数据资源池

随着人们从 IT 时代进入 DT 时代，数据逐渐成为重要的公共资源。以数据为驱动的城市治理模式，更是实现治理体系和治理能力现代化的重要抓手。

现阶段，部分城市积极落实"大数据+"战略举措，推进大数据资源汇聚，加快数据融合，加大对数据资源的统一管理，建立起涵盖基础数据库、主题数据库、专用数据库深度融合的大数据资源池，极大地丰富了城市的大数据资源，为城市治理强势赋能，为智慧数据应用夯实基础。

（1）基础数据库

信息资源共享平台采集、汇聚、整合国家级、省级基础数据，按照"一数一源、多元采集、及时更新、定期校验"的原则，建设自然人、法人、地理空间、城市资源、宏观经济、社会信用六大类公共基础数据库，完善智慧城市统一的基础数据库资源池，为政务服务、社会治理、智慧民生等应用提供强有力的信息支撑。

① 人口数据库。以公安部门自然人基础数据库中提取的人口基本数据为重要依托，加强与其他相关部门的联系，将上传的共享数据与其他部门进行比对处理，从而形成标准的人口基础数据库，实现系统集中存储全部的人口基础数据，包括自然人基本数据、自然人扩展数据、日志信息、业务扩展信息、基础编码信息等，用以反映最新的人口数据状态。

② 法人数据库。法人数据库将社会信用代码作为唯一标识，有机整合各类法人基础信息，从而有效支撑跨部门、跨系统的数据交换与业务协同。

③ 地理空间数据库。地理空间数据库提供居民地、交通、地名、水系、地貌、比例尺等基础地理信息，包括数字高程模型数据库、矢量地形要素数据库、正射影像数据库、地名数据库和栅格地图数据库等。

④ 城市资源数据库。城市资源数据库统一管理城市基础设施资源数据（主要包括井盖信息、路灯信息、公交站台信息、摄像头、通信管道、传感器信息等），形成地理编码要素、管理部件要素、基础地理要素、网格要素4类要素集，每类要素集可以按照不同要素类别建立多个图层。

⑤ 宏观经济数据库。宏观经济数据库的涵盖范围包括但不限于财政、税收、投资、消费、出口、物价等部门的经济类型数据，通过元数据技术和其他多元化信息检索工具，建立多数据源、

多目录之间的集成配置体系，实现对主要经济指标、地方财政收入、税收完成情况、金融机构信贷情况、各区（县）主要经济指标等信息的展示。

⑥ 社会信用数据库。社会信用数据库梳理行业信用信息及部门共享目录，依职能梳理部门、行业所提供和共享的信用信息目录内容，按照国家信用数据相关规范制定统一分类与编码管理、信用信息分类标准与编码规范等规范，建设信用业务与服务信息库、信用规则信息库、信用主体档案库、社会信用信息库等，形成覆盖全面、权威真实的自然人与法人信用数据库。

（2）主题数据库

主题数据库围绕公共安全、社会保障、网上办事、精准扶贫、企业经营、市场监管、用户画像等主题，梳理行业应用数据和各部门业务数据，对各个领域数据资源进行分类访问、分类管理，构建集成的、稳定的主题数据库，建立政务、应急、交通、农业、工业、服务业、生态、网格化、民生、投资等主题数据库，为政务服务、宏观经济调控、应急指挥决策、行业协同监管等提供大数据辅助决策支持。

（3）专用数据库

专用数据库将各部门现存的政务数据资源进行归集、整理，按照统一标准进行数据清洗、转换、整合、比对，整合共享各部门专用数据库，明确各部门可共享的数据标准，按照数据资源目录编制入库，并积极对接融合科研机构、公用事业单位、互联网企业等的数据，进一步促进数据的融合、共享和利用。

2.1.2　构建数字赋能中台，实现"共享"

1. 数据中台：数字赋能

城市管理者越来越清晰地意识到对数据的开发和利用在城市治理过程中越来越重要。然而，在城市信息化建设进程中，存在数据难以整合利用、数据质量有待提升、数据共享服务有待加强、缺少数据资产管理手段、缺乏安全的数据运营环境等一系列问题，在一定程度上阻碍了数据资源的深度开发与利用，不能很好地满足城市治理体系和治理能力现代化的多元诉求。因此，智慧城市建设应紧紧围绕城市运行"一网共治"，坚持以广大群众需求与城市治理的突出问题为出发点，利用数据中台赋能城市治理，将分散式信息系统进行有机整合，做到群众受用、基层干部爱用、各类实战中管用，为城市治理工作指明方向。

（1）概念内涵

在数据驱动与应用拉动的理念下，城市大数据平台已经成为新型智慧城市平台的重要组成部分，早期以共享交换为主要功能的政务大数据平台有了极大的延展，主要体现在两个方面：一方面，城市大数据平台的数据资源更加丰富，涵盖了城市感知数据、互联网数据、社会企业数据等多种数据，实现了多方共建共享共用的城市大数据跨越式发展；另一方面，城市大数据平台具有强大的能力，全面提升了多源异构数据采集、处理、开发、分析、展现、治理等能力，实现了城市数据资源从共享交换、开放开发向城市大数据全生命周期治理的转变。

在强调分层解耦、提炼共性支撑能力等理念下，城市大数据平台的能力正在日益提升，赋能属性更强。由城市大数据平台引发的数据中台热潮成为焦点，使阿里巴巴、腾讯等互联网企业以自身企业级数据中台架构为基础，纷纷发布了面向智慧城市的数据中台规划。从本质上讲，数据中台是连接系统后台和业务前台的桥梁，旨在提供公共数据和数据处理能力服务，通过建立数据模型将大数据资源转化为有价值的结构化数据格式，支撑城市信息化建设的业务需求，实现数据增值、应用增效、业务赋能、技术降本，充分发挥数据价值。此外，数据中台还具有模块化、组件化、通用性等特征，更加注重资源整合、集中配置和能力沉淀。越来越多的实践表明，数据中台的创新应用和融合发展大幅提升了社会治理能力，推动了智慧城市治理手段和治理方式朝着网络化、智能化、数字化的方向升级。

（2）建设原则

① 规划引领、统一设计。数据中台的建设应坚持规范规划，以规范标准、整合资源、充分利旧、共建共享、统分结合为导向，统一设计数据中台的总体架构，规划建设"总平面图"，为数据中台建设绘出"路线图"。

② 急用先行、数据驱动。坚持"急用先行、先易后难、集约整合、先立后破"的原则，描绘构建统一的数据底盘，以数据为驱动力，以核心业务为发展主线，借数据整合之力促进业务整合。所有新旧系统的数据资源统一汇聚到数据中台，形成覆盖全市、全业务、统筹利用的全数据资源池；将旧系统的对内、对外数据逐步迁移到数据中台，合理解决数据现有存量和后续增量的关系。

③ 强化管控、共享利用。为保证数据质量，加强数据源头监控和质量管理，按照"谁产生、谁管理，谁使用、谁负责"的原则，落实"一数一源"，确保数据可溯源、可追踪。构建核心数据资源目录，全面掌握数据资产状况，充分保证数据质量，推进数据共享利用，实现各应用系统间数据的共享。

④ 标准护航、建设有序。规范标准是解决"数据孤岛""数据烟囱"的根本途径，也是信息化规划设计中最基础、最重要的工作，通过建设统一数据标准、技术规范等，指导数据中台有序建设、高效运行。

（3）建设内容

数据中台作为一体化信息平台的数据支撑，将实现监管数据的统一存储和统一计算，实现数据归集、治理、分析和数据服务能力的统一集成，实现对全量数据进行全生命周期的统一管理，从而为各项业务与应用的开展提供有力保障。数据中台的主要建设内容包括大数据支撑与分析系统、数据集成系统、数据质量治理系统、数据共享服务系统、数据标准体系和数据安全体系等。

① 大数据支撑与分析系统。搭建大数据支撑系统，充分运用大数据计算和存储技术，同时充分整合利用原有数据库、Oracle 系统等资源，打造混合性数据处理架构，以便为数量巨大、结构多元、来源分散的数据提供统一的计算与存储服务；建设大数据分析系统，通过提供数据挖掘、数据分析、可视化分析展示、深度机器学习等应用组件，以及常用的开发中间件服务，方便各部门开发大数据应用，为上层业务应用提供统一的统计报表、智能分析、数据挖掘、机器学习等公共服务能力。

② 数据集成系统。搭建数据集成系统，实现城市全量数据从物联设备、业务系统、第三方服务平台、其他开发平台等采集、汇聚、实时或周期加载接入，按照服务转化要求和业务价值要求进行高效存放、主题处理和按需计算。数据类型既包括结构化数据，也包括文本、图像、视频、音频等非结构化数据。数据集成系统的功能在于进一步打通"数据孤岛"，进行跨异构数据存储系统的离线搬运服务和数据同步服务，为数据源提供全量/增量数据进出通道。

③ 数据质量治理系统。建设数据标准管理工具，把纸质化的业务规范、数据规范、接口规范等转化为数字化标准，结合数据质量评估机制，推动标准规范的执行落地；建设元数据管理工具，动态收集大数据资源池中存放的各类数据定义、特征信息，形成数据来源可查、去向可知和问题可究的信息链条；建设基础数据管理工具，对各类数据进行动态整合、更新、管理，形成多源合一的权威数据，为业务应用、数据共享等提供统一基础数据；建设数据模型管理工具，为业务人员、开发人员和系统管理人员提供协同开发的数据模型、数据库表视图，打破专业限制；建设数据质量管理工具，提供数据质量评价规则指标、动态监测、数据问题通知和定期分析报告功能，有效提升数据质量。

④ 数据共享服务系统。以数据资源目录体系为核心，搭建数据共享服务系统，实现数据查询接口服务、统计分析接口服务等功能，支撑增量数据实时汇聚，提供敏感信息溯源功能，简

化管理与快速对接，打通横向与纵向各级部门的数据公共出口与传输通道，提高数据使用价值，实现跨层级数据资源共享和协同，为数据共建共享提供服务支撑。

⑤ 数据标准体系。按照信息化标准编制的原则和方法，对各部门的信息进行分类编码，满足基础数据规范、应用数据规范，形成对信息的一致理解和统一的坐标参照系统，保障项目顺利实施和运转，发挥标准规范对推进数据融合、业务融合、技术融合的关键引领作用和重要支撑作用。

⑥ 数据安全体系。数据作为信息化系统的核心资源，其安全性关系到整个信息化系统的正常运转。在城市智慧化建设过程中，应构建"预防为主、管控结合、应急联动、容灾备份"的数据安全体系，定时开展数据资源的共享、开放的风险评估，切实做到遵守相关法律法规要求，全面保障在数据使用过程中的隐私安全，同时，强化信息资源从采集、共享到使用等全过程的安全保障工作，形成全方位的信息安全管理制度体系，注重网络保护与信息资源双重并举，兼顾对外防范和对内防范并重，根据需求动态调整信息开放和保密等级，实现信息保密和信息开发之间的平衡。

2. 技术中台：能力赋能

随着区块链、人工智能、大数据等技术的深度应用，强化统一赋能和关键共性能力整合，成为支撑上层业务条块联动、消除"数据孤岛"的必然选择。随着城市信息化建设步伐加快，智慧城市业务层共性能力单元出现逐步下沉的发展趋势，支撑平台层（例如，数据共享交换平台、时空信息平台等）逐步向全方位、多领域、由点及面的深度整合与支撑方向发展，从而出现共性技术赋能、数字城市孪生平台与应用支撑平台，形成强大的能力赋能中心和数据资源枢纽，成为向上驱动各行业应用和向下统接各类智能基础设施的智能运行中枢。大数据、人工智能等新一代信息技术赋能城市治理现代化应用场景的精准下沉，聚合多维数据与业务协同的城市中台系统，提高了城市治理的响应速度、智慧联动效率与精准施策的科学性。

（1）概念内涵

技术中台将技术能力进行整合和封装，尽可能过滤建设过程中烦琐的技术细节，能够为应用前台、业务中台和数据中台提供简单易用、高效便捷的共性技术基础设施的支撑服务。从本质上说，技术中台是更加注重资源协同整合、能力积累沉淀的平台体系。技术中台能够提供底层的共性技术、数据等资源能力的协同与支撑，从而确保应用前台能够顺利实现各类业务功能与应用。技术中台一般具有高内聚、低耦合的特征，具有高性能、高可用、高并发、弹性伸缩、应用隔离、自动化运维等能力，能够减少低水平的重复开发，减少资源浪费，快速推进，保证质量，从而有效应对高频海量业务访问场景。

（2）建设内容

通常情况下，技术中台的搭建会采用微服务架构，其中主要包括 API 网关、前端开发框架、后端微服务开发框架、微服务治理组件、分布式数据库、数据处理组件等关键技术领域的组件。在技术中台的建设过程中，技术人员可以根据业务的实际需要对技术组件进行更新与扩展，同时，可以通过抽象和标准化设计将一些不具有明显业务含义的通用组件纳入技术中台，进行统一管理与维护。

① API 网关。一般情况下，微服务架构采用前端与后端分离的设计模式。在这种模式下，前端页面逻辑与后端微服务业务逻辑分别独立开发、独立部署，因此，前端与后端的集成离不开网关，前端应用一般通过 API 网关接入中台微服务。API 网关主要包括负载均衡、降级限流、鉴权、流量分析、服务路由和访问日志等功能。API 网关能够高效地帮助用户管理微服务 API，实现前端、后端分离，以及精细的服务监控和高效系统集成。

城市级别的智慧应用服务数量大、复杂程度高、规模较大，API 网关能够有效地将接口进行聚合，实现服务对调用者透明，降低客户端与后端的耦合程度，API 网关还能高效地对后台服务进行聚合，节省流量、提高性能，进一步提升用户体验。另外，API 网关还能提供安全、流控、过滤、缓存、计费、监控等管理功能。

② 开发框架。开发框架主要包括前端开发框架和后端微服务开发框架两大部分。开发者分别以前端开发框架和后端微服务开发框架为基础，完成前端展示页面逻辑和后端应用业务逻辑的开发工作。前端开发框架重点聚焦计算机端或者移动端的应用，主要用来搭建系统的展示层，将前端与后端的交互进行规范化，进一步降低前端的开发成本。后端微服务开发框架则主要聚焦于构建各类微服务应用，可以将多个小型自主服务应用有机组成一个整体应用，其中各个组成部分之间是低耦合的，且复杂性也比较低，可以独立部署，更容易修复程序漏洞，引入新特性，不同技术栈之间可以使用不同框架、不同版本库甚至不同的操作系统平台。微服务架构通常具备敏捷开发、方便调试、自动配置及部署等特性，能够提供微服务注册、通信、发现、监控和容错等服务治理基础类库，为开发人员快速构建产品级微服务应用提供便利。

③ 微服务治理组件。微服务治理主要是指在微服务运行过程中，对微服务的运行状况采取的服务注册、发现、限流、熔断和降级等动态治理策略，从而全面保障微服务持续稳定运行。微服务治理的技术组件主要包括服务注册、服务发现、服务通信、配置中心、服务熔断、容错和微服务监控等。微服务治理主要是在以下两个方面发挥作用：一是在微服务正常运行的过程中实时监

控状态；二是当微服务运行异常时，能够提供治理策略配置等，提升微服务在异常场景下的自恢复能力。

④ 分布式数据库。通常情况下，分布式数据库具有较强的线性扩展能力，大多通过数据多副本机制来实现数据库高可用的目标，在可扩展性和成本方面的优势十分明显。一个分布式数据库在逻辑上是一个有机整体，在物理上则是分别存储在不同的物理节点上。一个应用程序通过网络的连接可以访问分布在不同地理位置的数据库，它的分布性表现在数据库中的数据不存储在同一位置。分布式数据库主要有以下 3 种类型，即交易型分布式数据库、分析型分布式数据库和交易分析混合型分布式数据库。

- 交易型分布式数据库主要用于解决交易型业务的数据库计算能力，它支持数据多副本、数据分库及分片，具有很高的可用性，能够提供统一的运维界面，具备高性能的交易型业务数据处理能力。交易型分布式数据库主要应用于具有高可用需求和跨区域部署，需要支持高频访问和高并发的核心交易类业务场景。

- 分析型分布式数据库通过并行计算能力和横向扩展能力，能够提升数据的吞吐量和整体计算能力，从而有效支持对海量数据的分析。分析型分布式数据库主要应用于高性能交互式分析和大规模结构化数据的统计分析等场景，例如数据集市、数据仓库等。

- 交易分析混合型分布式数据库通过数据多副本、资源隔离和分时等技术手段，以不同的数据存储、访问性能和容量等需求为导向，借助不同的分布式计算引擎和存储介质，同时满足业务分析和业务交易的需求。交易分析混合型分布式数据库主要应用于数据规模大、访问并发量大的场景，以及需要解决交易型数据同步到分析型数据库时成本较高，需要解决数据库入口不统一，需要支持高可用和高扩展性等多种复杂的数据处理业务场景。

⑤ 数据处理组件。为了降低微服务的耦合度，提高业务承载能力和应用性能，满足分布式架构下的分布式事务等要求，技术中台还涉及分布式缓存、搜索引擎、数据复制、消息中间件和分布式事务等多种数据处理相关的基础技术组件。

- 分布式缓存是将高频热点数据集分散存储在多个内存集群节点，通过复制、分发、分区和失效等方式相结合的手段对其进行维护，以便解决高并发热点数据访问性能的问题，降低后台数据库的访问压力，从而有效提升系统吞吐能力。

- 搜索引擎旨在满足大数据量的快速搜索和分析等需求，将业务、日志等不同类型的数据加载到搜索引擎中，使之可以提供可扩展和近实时的搜索能力。

- 数据复制主要解决数据同步的问题，重点解决同构、异构数据库间及跨数据中心的数据复制难题，从而满足数据多级存储、交换和整合的需求。这一技术组件主要应用于以表或库为基础的业务数据迁移、业务数据向数据库复制等场景。

● 消息中间件主要面向数据最终一致性的业务应用场景，通过异步化的设计模式来实现数据同步转异步的操作，同时支持海量异步数据的高效调用，并通过削峰填谷设计的方式来提高业务吞吐量和系统的承载能力。消息中间件被广泛用于微服务之间的大数据日志采集、数据异步传输和流计算等多种业务场景。

● 分布式事务旨在解决分布式架构下事务的一致性问题。当单体应用被拆分成微服务之后，原有的单体应用大量的内部调用就会变成跨微服务之间的访问，此时，业务调用链路中任意节点出现差错，都极有可能造成数据不一致。分布式事务就是以分布式事务模型为基础，当跨数据库或跨微服务调用时，分布式事务能够保证该类场景下的数据一致性，然而过多的分布式事务设计会降低系统性能。因此，在进行微服务设计时，应优先考虑以消息中间件为基础的最终数据一致性机制，尽可能避免使用分布式事务。

3. 业务中台：应用赋能

在基础能力充分保障、数据资源有效整合、AI 技术日益成熟的发展趋势下，以及在城市智慧化建设过程中的各类应用场景智能化需求的强势拉动下，通过对各类应用场景与模式的抽象、提炼，充分发挥 AI 算法的技术优势，丰富和完善算法库，设置响应的配套工具，构建智能化、科学化的业务中台，以数字服务为核心，助力实现业务协同、赋能应用，从而加速推进城市各类应用场景的全面智能化，实现城市数据资源、数字技术、数字应用的统一标准管理和统筹规范应用，助力城市数据价值深度挖掘和数字服务质量高效提升，推动业务部门服务与应用的高效衔接，实现从"群众来回跑"到"部门协同办"的转变，为企业和群众办事提供更加方便、快捷、高效的服务，创新城市供给模式，持续优化城市乐居和营商环境，全面提升城市治理现代化及社会服务一体化能力。

（1）概念内涵

业务中台是实现城市各类应用之间连接和协同的关键节点，积累可复用的业务能力，从而持续提升服务创新的效率，为关键业务链路的稳定高效提供保障，同时还兼顾经济性。业务中台可以看作城市治理的基础之一，其每时每刻都会产生大量的数据，而这些数据会被不断反馈到数据中台，并进行数据资产化，从而进一步驱动业务的创新发展，两者相辅相成，相互演进融合，形成滚动式增强闭环体系。业务中台通过应用解耦、资源复用、灵活调配，为各业务部门提供强有力的数字化基础服务能力支撑，面向业务"万变"而保持基础"不变"，基于场景驱动和价值驱动，实现业务前台快速迭代，业务后台灵活响应，坚持以人为本的建设发展原则，从"业务自治"走向"共建共享"，持续营造良好的城市级数字化转型生态体系，充分发挥现有信息化资源建设效能，聚力优化城市数字化创新发展环境。

（2）建设内容

① 统一身份认证。统一身份认证的一个基本应用模式是统一认证模式，它是以统一身份认证服务为核心的服务使用模式。依托人口、法人单位基础数据库，构建统一身份认证中心，建立统一账户库，利用生物特征识别（虹膜、指纹、面部、声音识别等）、数字证书等技术手段，整合公安可信身份认证及第三方身份核验方式，围绕可信数字身份整合各种核验方式，实现多渠道身份核验、便捷注册，为政务服务提供统一身份认证，为互联网用户、政府公职人员提供统一账户服务，能够实现任何用户在任何设备上，只要使用的是同一个账户，即可获取各类政务服务，就能与国家统一身份认证系统对接，并实现全国范围内政务服务跨层级、跨区域通办。该统一账户库覆盖门户网站、移动服务、政务服务网、实体政务服务大厅、自助终端等多种应用场景，为政务服务用户提供统一的身份认证和账户管理服务。

② 可信电子证照。可信电子证照包括各单位依法出具的、具有法律效力的各类证照、证明、批文、鉴定报告、办事结果等文件。例如，有效的身份证、结婚证、银行还款流水证明、营业执照等。以国家统一规范为指引，建设"无介质、等效力、全流通"的可信电子证照，全面提高电子证照的可信度与通用性，强化与国家政务服务平台统一电子证照系统的高度对接，实现电子证照全国互认互信。建立可信、易用、规范的统一电子印章服务，为电子文书、电子公文等"保驾护航"，规范电子印章管理、验证、制发等业务，提供电子文档的电子印章／数字签名认证、身份认证和信息加解密等服务，解决网上提交办事材料的合法可信问题，实现群众办事少提交、少跑动。

③ 非税支付平台。搭建统一的网上非税支付通道，全面支撑非税支付业务的网上缴费，进一步推动非税缴费事项实现网上支付，同时，通过第三方支付平台、收款银行进行非税业务的网上支付功能，真正做到"扫码缴费"，打造线上线下一体化缴费模式；针对涉及个人的缴费事项，通过设定相应的支付二维码，并在缴费环节进行精准、主动推送，让办事人足不出户实现轻松缴费，有效避免了群众在缴费单位窗口及银行网点柜台"扎堆聚集"办理业务，以及解决了长时间排队等候的难题；通过建设数据与服务接口，面向广大用户提供非税业务网上缴费信息相关的监测服务，实现对资金流向、流量实行全程有效监控，从而进一步促进缴费信息共享。

④ 社会信用体系。社会信用体系也称国家信用管理体系或国家信用体系，其核心作用在于记录社会主体信用状况，揭示社会主体信用优劣，警示社会主体信用风险，并通过整合全社会力量褒扬诚信、惩戒失信。社会信用体系对接国家信用平台，全面整合并充分连接各部门、各行业的业务系统，全方位、多角度地实现社会信用信息互联互通，打造由政府、社会共同参与的跨地区、跨部门、跨领域的社会信用信息联动机制，建设动态更新、完整真实的信用档案及社会信用信息库。搭建社会信用档案管理系统，进一步规范信用数据的管理工作，重点提升数据资源全流程管理能力，形成比较权威的自然人和法人等信用主体档案，从而形成高效的信用数据治理体系；建设社会信用业务管理系统，支持信用授权、信用审查报告、信用异议管理、信用红黑名单管理、信用评估等信用业务管理工作的开展，为守信联合激励和失信联合惩戒机制落实提供技术支撑及制度支撑。

⑤ 移动政务应用支撑平台。坚持"分布开发、集中审核、统一发布"的原则，搭建移动政务应用支撑平台，该平台主要包括应用开发、审核、发布、升级、暂停服务、下架等全生命周期管理功能，同时还提供对移动终端应用的推荐、搜索、用户评价等发布推广功能。此外，为提高移动政务智能终端的安全性，通过建立统一的安全接入管控机制，为系统提供统一的设备认证授权、实名认证、风险审计、检测评估等功能，打造"安全受控、可信认证"的管控体系。

⑥ 地理信息公共平台。地理信息是国家重要的战略信息资源，在政府管理决策、产业发展、人民生活等方面发挥着越来越重要的作用。依据国家相关标准，搭建统一、权威的地理信息公共平台，能够为政府各部门和社会群众提供统一、集成的地理信息应用与服务。充分整合各部门的地理空间信息数据资源，融入具有时空标识的商业公司兴趣点（Point of Interest，POI）数据，进一步完善数据管理、数据交换等功能，并在纵向上与国家、省级地理信息公共平台实现关联互通。同时，地理信息公共平台提供地理编码、数据接口、认证、地图应用、数据发布、服务注册和二次开发服务等功能，为政府部门和社会群众提供经过组合与封装的地理信息及其相关服务，有效支撑"一张图"的数据时空分析、时空数据展现、空间定位等多层次需求。

⑦ 智能客服。智能客服是在大规模知识处理基础上发展起来的一项面向行业应用的技术，具有行业通用性，不仅为政府提供了细颗粒度知识管理技术，还为政府与海量用户之间的沟通建立了一种基于自然语言的快捷有效的技术手段。同时，智能客服还能够为政府提供精细化管理所需的统计分析信息。推行网上办事智能在线咨询服务，建立群众参与机制，鼓励引导群众分享办事经验，将在线客服插件化，为各政务服务页面或 App 提供客服入口，接入微信或短信平台，实现服务结果主动提醒。对接"12345"热线平台，综合分析用户诉求，支持投诉咨询信息统一视图，发现热点问题，

提供全面、精准的服务。

2.1.3　助推多元治理格局，实现共治

随着工业化、城镇化、智慧化进程的加速推进，城市人口数量越来越多，城市里的建筑物、构筑物的密集度越来越高，城市里的各类部件越来越完备，这一切都旨在提高城市发展的可持续性和宜居宜业性，让城市成为人民群众追求更加美好生活的有力依托，让人民群众有更多的"获得感"。城市是一个复杂巨系统，主要包括社会系统、经济系统、文化系统、人口系统等部分。从传统的城市治理理念分析，城市治理主要是政府的职责，政府是城市管理唯一且合法的主体。这种模式随着城市发展进程的加速，以及面临的挑战日益增多，逐渐表现出缺陷性，单一的治理主体与城市居民多元化的需求之间的矛盾日益显现。随着社会转型的加速，现代城市的内涵已经发生转变，它不再是一个单纯的相对于农村的概念，要想实现城市的良性发展，就必须从城市本身的特点与存在的主要问题出发，构建不同空间尺度、不同运作形式、不同治理主体的城市治理体系，从多维度、多角度来解决城市面临的难题，形成多元化、灵活性的城市治理机制与模式，实现从"单向管理"向"合作共治"的转变，进一步促进城市空间管理的高度融合，提升城市文明程度和建设效率。

1. 基本内涵

社会中的企业、个人、非营利组织都可以成为公共治理的主体，对公共治理产生影响、承担责任，并非传统意义上的由政府独当一面。政府依存于社会中的各个主体，互相利用资源、知识、能力来处理各种公共事务。因此，我们可以这样理解多元共治：通过国家政府与社会群众、公共部门与私人部门、政府与非政府的协同、合作、互动，鼓励每个治理主体都深度参与其中，各治理主体之间相互配合、相互引导，从而实现国家和社会自主管理的目标。

多元共治打破了公共部门与私人部门、国家与公民社会等传统两分法的思维模式，指出多元治理主体之间的深度合作与互动的过程，并以此为基础建立全新的城市管理新范式。多元共治的基本内涵如下。

（1）治理主体的多元性

多元共治强调的是除政府这一传统的治理主体外，更应该重视和关切企业、个人、非营利组织参与治理的力量，鼓励社会主体和市场主体等积极参与公共事务的管理与调节。其中，市

场主体主要是指各类商业企业，而社会主体主要包括第三组织和广大群众。在参与城市治理的过程中，所有的治理主体都应在制度允许的框架内进行合法的运作，发挥主观能动性并积极参与公共事务管理，参与决策和共识的构建。

（2）治理手段多样化

治理不仅可以依靠政府权威的手段，还可以借助市场化的运作手段，深度考虑新技术及新工具的应用，让治理手段实现从以强制性为主转变为以合作为主、平等对话的多元化手段。借助新型信息化手段与传播渠道，打造多样化的互动模式，形成政府主导下网络式的治理格局。同时，政府、市场主体、社会主体之间形成既独立运作又相互依存的关系，实现资源、责任和权利的共同分享，升级为合作伙伴式的主体关系。

（3）治理目标多元化

与传统的"善政"治理相比，多元共治转变为"善治"治理，具体来说，治理目标不再是单纯追求效率，而是向着如何实现公共利益的最大化转变，从而最终达成政府与公民、社会之间的良性互动与合作的状态。

2. 多元互动的智慧治理

数字治理时代的到来将重塑社会治理范式，新技术的应用改变了原有的治理模式，为实现更有效率、更加公平的社会治理提供了更多可能。城市信息化建设在治理能力提升的过程中发挥了重要作用。一方面，利用信息化手段提高政府工作和服务效率，提升服务能力，智慧城市建设中的城市治理更加注重调动社会多元主体在公共生活中的主动性，借助新一代信息技术拓宽参与渠道，积极引导各类主体参与沟通交流和互动，而政府始终处于多元主体的核心位置。另一方面，在城市信息化建设的引导下，数据要素的流通可促进政府服务流程的优化和重构，从而深入推动机构改革和调整。通过数据赋能城市治理，由数据驱动科学决策，依托大数据开展的精准治理，离不开对大数据的有效运用，需要对各类系统的数据采集、数据共享、数据标准、数据安全等底层技术进行充分整合与有机集成，进一步提高政府组织的数据挖掘分析、深度应用能力，连通政府、市场、社会等不同主体间的治理数据，全面优化社会治理资源配置，充分发挥各类主体协同共治、多元共建的优势，共同创造社会治理新篇章。

（1）"一网共治"门户提升城市治理水平

新一代信息技术的快速发展为城市治理提供了更强大的手段与工具，政府应坚持将云计算、物联网、大数据、数字孪生、人工智能等新一代信息技术的力量与多元主体的主观能动性进行深度融合，以新技术、新方法进一步拓宽群众与社会组织参与城市治理的渠道，强化并创新参与方式，从而提升城市治理的社会化水平。目前，不少城市都创建了城市级的智能门户。广义上，城市智能门户是传统门户网站的升级优化，其以人为本、汇人之慧、赋物以智，从而实现城市经济社会生产发展活动最优的目标；狭义上，城市智能门户以新一代信息技术为支撑，全面整合城市各行业领域的智慧应用系统，基于移动互联网，为政府、社会企业、城市群众提供统一资源开放与共享、统一接入与展示、统一管理与服务的公共信息服务平台。

"一网共治"门户是政府以新一代信息技术为建设基础，面向广大群众与社会企业的集政务、事务、商务等服务为一体的重要平台，是打造新型服务型政府的重要举措之一。从本质上分析，"一网共治"门户具有公共服务平台的典型特征与功能，集中承载着城市智慧化建设的各项应用和成果展示的任务。"一网共治"总门户通过全流程、全方位、全覆盖的一体化在线服务模式，成为城市治理水平和治理能力现代化的重要基础，助力实现群众与社会企业办事的全流程服务与各政务服务部门业务工作的一体化运作。"一网共治"总门户就是对所有的网上政务服务进行分类，并统一归集到一体化在线服务平台，确保做到"一门""一号""一窗""一网""一口"进出，让广大群众与社会企业办事切实感受到"一趟""一次""一站"政务服务改革带来的便利。

（2）政民互动促进群众参与城市管理

群众的价值观多元化、需求多元化、民主参与意识增强等形态的转变对政府工作提出了新的要求，要求政府应更灵活、更高效，对复杂情况具备较强的分析能力与应变能力，对群众的要求要具有快速的响应能力，同时还能积极鼓励并引导群众参与城市的管理，让更多的城市主体参与城市的治理与建设过程，进一步保障群众的参与权、监督权和知情权，切实做到以人为本，保障群众当家作主，这些是打造城市共建共治共享格局的必然要求。因此，在城市治理现代化的进程中，要注重发挥城市治理主体的积极性、参与性、主动性、创造性，激发各类治理主体在城市治理过程中的潜能，集聚促进城市发展的正能量。政府及其他城市管理者作为城市治理现代化的"第一责任人"，应加速完成由传统的"行政"向"管理"与"治理"的转变，切实做到以群众为导向，及时、精准地提供回应性服务，才能有效地满足群众与企业的各类诉求。此外，政府还应强化政民互动平台建设，积极拓展政民互动的途径与渠道，广泛征集广大群众与社会企业对城市发展的建议与智慧，推动形成政府、社会、群众同心同向行动和共建共治共享的城市治理格局，促进城市治理水平不断提高。

目前，政民互动平台是群众与社会企业参与城市治理与建设的重要渠道之一，例如，传统的政府网站设有问答咨询专栏，新媒体的政务微博、微信公众号、政务服务 App 也都能提供类似的沟通渠道。然而，分散的平台与应用存在信息交流不对称的弊端，因此在兼顾"发布"与"问政"的前提下，整合政民服务平台，打造集群化的互动体系也是构建城市多元共治格局的重中之重。以各类政民互动平台的现状、发展前景、建设特点为切入点，在对各个平台的优势和劣势进行分析的基础上，对其进行有机组合，形成长长对接、优势互补的新体系。传统政府网站的优点是发布的信息更全面且权威性强，但互动性较差，回应的实效性比较低。政务微博在互动性方面的优势十分明显，网民可以在政府的政务微博下有效且直接地表达自己的观点或提出自身的利益诉求，但是微博网民的年龄段相对固定，因此对覆盖范围有一定的限制。政务微信平台的优势在于它在各年龄段都拥有众多稳定的用户，且微信公众号具备推送功能，能够每天向受众推送信息，受众可以在其推送的文章下面留言，政府也可以对受众的留言进行回复。因此，要充分发挥每类政民互动平台在功能上的不同优势，强化不同平台间的互动与联系，打造一个集群化的网络政民互动平台体系。

（3）数据开放共享激发各类主体的创新潜能

创新是引领发展的第一动力，是建设现代化经济体系的战略支撑。当前，我国的经济发展已不再单纯追求高速增长，而是向着高质量发展阶段积极迈进，这就要求我们改变发展方式、转换增长动力、持续优化经济结构，同时，强化自主创新、提升自主创新能力也是在发展中需要持续优化提升的重要攻坚课题。为最大限度地激发城市各类主体的创新、创业、创造动能，充分发挥企业作为技术创新主体的作用，可以通过资源的集聚与共享流通，打造开放式的创新体系，进而营造富有活力的、鼓励创新创业创造的社会氛围。

围绕健全公共数据管理制度机制、推进公共数据开放和开发利用、推进数据规范有序流通这 3 项主要任务，全面实施培育两级数据要素市场、推行首席数据官制度、建设数据交易场所等创新举措，形成完善的数据要素市场体系，从而打造市场化配置改革先行区。通过数据开放共享促进"大众创业、万众创新"，建立政务数据的共享创新体系，对政务数据需要有完备的分析处理体系，以支撑整个创新创业生态的健康发展。在知识经济时代，开放式创新已经成为各类创新主体青睐的模式，通过搭建开放式创新平台，利用虚拟化、数字化的服务环境，所有接入创新平台的创新者均可通过平台提出自己的需求，同时也可以对其他感兴趣的产品或者服务提出优化意见，也可以通过平台与其他创新者进行深度交流与创意沟通等。通过大数据的筛选和分析功能，对这些需求、创意、意见、建议等内容进行智能化处理，并与实际的相关需求深度结合，提升创新实践活动的有效性。当前，众多互联网企业通过这种方式获取用户的使用需求和灵感创意等，并在科学评估与选择后进行创新设计与生产，带动"大众创新、企业创新"，加速知识与技术的积累和转化。

（4）智慧化管理与服务促进城市运行安全高效

智慧化的城市管理与服务建设更加强调打造服务型、开放型、效能型、智慧型的城市管理与服务模式，以便民服务、城市部件、城市事件、城市管理资源、城市焦点问题、市容管理为工作重点，实现城市管理信息整合共享、业务协同和智能决策支撑，打造精细动态、科学智慧的城市管理模式。通过采用创新信息技术成果和业务模式，实现社会服务"全模式"的管理，建立多级联动的城市数字治理中心，着力解决"城市病"等突出问题，不断提高城市环境质量、人民生活质量、城市竞争力。

统一分拨平台可实现跨部门协同化城市管理，打造"全民参与"的网格化管控平台，提高网格管理效率，减少管理人员成本投入。通过安装智能感知设备，实现对辖区内的人、事、物进行全方位的可视化、智能化管理。借助政民互动板块，发挥群众的能动性，采取边走边拍边上传的方式，快速完成事件定位、信息流转，实现城市管理全覆盖。基于城市空间管理"一张图"，建立三维空间地理信息系统，对城市部件进行三维描述 s，实现城市地上地下部件立体化管理。加强应急演练系统和决策支持系统建设，加强网格信息精细化管理，建立综合执法和应急管理大联动体系；建立统一的业务管理系统，统一整合城市管理、社会服务、安全生产等业务；通过流程再造、业务集成与合作治理方式建立社会服务管理系统。

2.2 架构：基于数字驱动的多元主体治理体系

以提升城市治理现代化为目标，以数据要素市场化改革配置为主要抓手，整合各类资源要素，搭建共建共治共享平台，建设运行效率高、先进多元化的信息基础设施，创新发展各类新模式、新业务、新技术、新应用，利用中台能力实现跨部门、跨区域、跨行业的信息互通共享、政府公共服务流程优化，实现全方位、多领域、由点及面的多场景深度应用。

按照"一网整合数据，一屏可观全局，一体应急联动"的要求，在智慧城市"中枢与引擎"工具箱集群的支持下，按照城市数字治理的需求，以新一代政务云为基础，建设三级联动的城市数字治理中心，打造统一的政府服务总门户和总枢纽，打造辅助决策服务的、平战结合的综合指挥系统，建立健全横向纵向有机衔接的工作网络和调度有序高效的指挥体系，让数据驱动治理、强化技术支撑、协同促进应用，实现全地域要素信息统一汇聚、数据分析支撑研判、决策指挥直达基层，系统提升政府内部协同水平，实行政务内部办事清单化管理，提高"指尖"办文、办会、办事水平，强化政府内外部业务协同，提高各级党政机关跨层级、跨地域、跨部门协同联动能力。

同时，充分提高政府机构、社会组织、群众这三大类主体在提升城市治理能力和推进城市治理现代化方面的创造性、主动性、积极性，充分释放各类主体在城市治理中的潜能，从而科学有序、全面高效地推进城市治理体系和治理能力现代化，进一步提高全体群众的幸福感、获得感、安全感，让城市成为群众幸福生活、工作、创业的有力依托。

"一网共治"体系架构如图 2-1 所示。

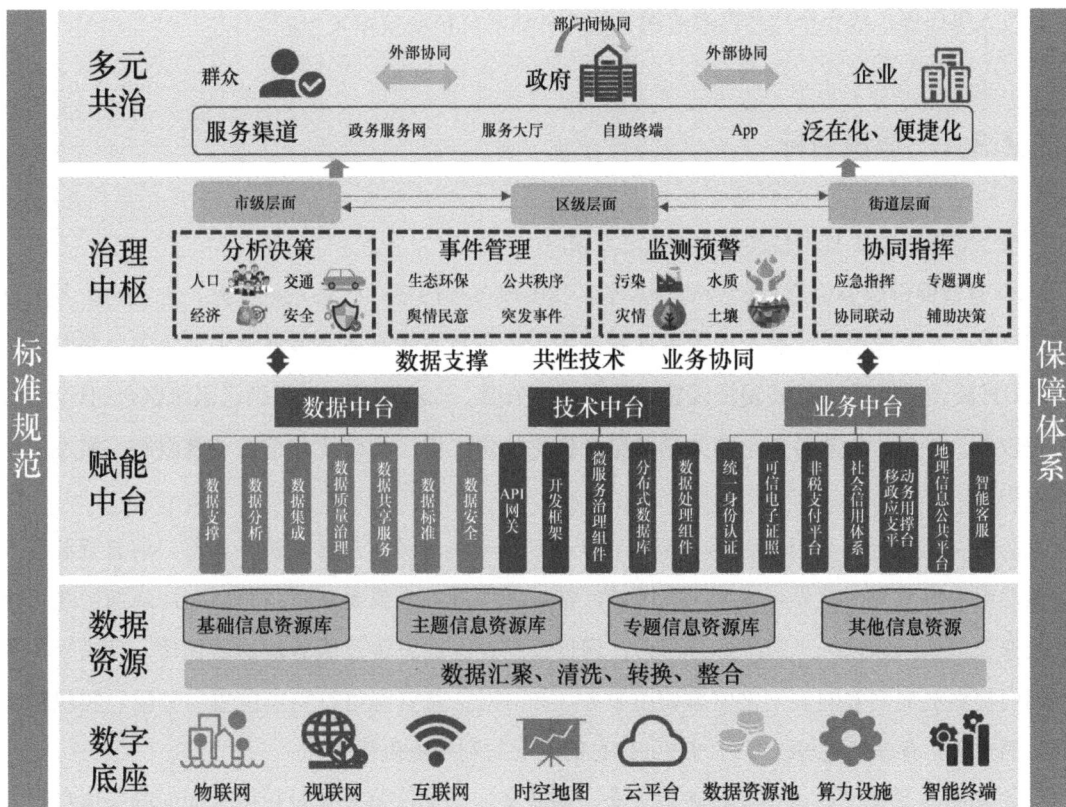

图2-1 "一网共治"体系架构

2.3 基础：蓄能赋能的新一代政务云

随着政府部门政务信息的大量公开、应用的聚集、用户数量的增加，利用大数据、云计算等新一代信息技术，实现政府组织结构和工作流程的优化，打破时间、空间和部门分隔的限制，建成一个精简、高效、廉洁、公平的政府运作模式，以便全方位地向社会提供优质、透明、符合国际水平的管理与服务。随着政务信息资源开发利用的深入，大数据集中及信息交换要求很高的计算能力。传统政府数据中心建设和运行的成本（包括电力成本、空间成本、维护成本等）不断上升，需要利用云计算模式来提高政府数据中心的运行效率，降低政府数据中心的建设成本。近年来，政务云平台以其高效的跨部门信息共享、快捷的业务部署、灵活的随需扩容、可建立丰富的商业模式等优点，改变了电子政务建设中的跨部门协同效率低下、分散采购带来的重复投入等问题，成为全球各国政府瞩目的政务信息化核心技术之一。

2.3.1 建设目标

电子政务云与工具平台的建设目标总结如下。

① 有效促进政务信息高效流动与共享。我国政务部门多、政务系统复杂，大量的政务信息长期以来存在共享困难、整合乏力等问题，为了适应新型政府提供多样化和高效的公共服务的需求，打破"信息孤岛"、实现资源整合共享成为关键。政府在进行政务信息系统整合的过程中，建设政务云平台，为政务信息的共享与整合提供技术支撑，打破政务信息资源限制，实现信息高效沟通。

② 有效缩减政务信息资源整合成本。在跨部门采集政务信息时，由于各部门信息资源技术体系与组织体系存在差异，业务协同困难，常出现信息不全或无法查找等情况，降低了政务信息的存在价值。建设统一的政务云平台，通过接口技术的完善及服务理念的优化，可以为各政府部门提供更加高效的多元化信息调用服务，同时对信息资源进行科学配置与分配，实现政务信息的安全、有效管理与保存，为政务信息的调取与利用提供保障。

③ 有效保障电子政务信息资源的安全。在政务信息系统整合的过程中，如何确保信息数据的安全将成为关键问题。政务信息不仅包括业务信息、工作信息，还包括群众办事的基本信息等，这些信息一旦泄露将造成重大隐患。建设云平台时利用高度容错机制等方法可实现信息资源的严格配置与安全管理，对权限管理策略进行强化，并提升数据管理的集中性，真正使政务信息资源得到安全保护与可靠管理，降低电子政务信息在保存与调用中的风险，为政务信息系统整

合工作提供了安全保障。

2.3.2 建设内容

（1）建设原则

政务云平台的建设要求做到统一技术标准、统一规划、统一领导、分步实施，需要符合以下原则。① 标准性。通过对 IT 资源需求、申请、部署和运维流程的标准化和规范化，从被动响应转变为主动服务，方便快捷地为用户构建所需的信息服务。② 高可用性。云计算能够快速恢复故障应用系统，确保业务的连续性。③ 安全性。保障用户业务系统安全，并满足国家相关标准规范。

（2）总体逻辑架构

政务云平台涉及主机托管层、IaaS 层、PaaS 层、数据即服务（Data as a Service，DaaS）层、SaaS 层、系统安全保障体系、运营运维管理体系的建设。政务云平台整体架构如图 2-2 所示。

① 主机托管层。主机托管层主要提供托管服务，主要服务只希望租用机房资源，把自己原有的系统迁移到机房中进行管理的业务，主要使用机房的物理服务器资源。

② IaaS 层。IaaS 层主要由云基础设施和云服务组成。云基础设施采用虚拟化技术，对下层的硬件资源进行虚拟化，对用户透明，为用户提供统一的计算、存储、安全等资源池；云服务是在云基础设施的基础上，建立云网络、云主机、云存储等云资源。

③ PaaS 层。根据政务信息系统划分出的人口信息、业务数据、宏观经济、基础地理等数据库，在这些基础信息数据库上层，提供标准的数据库、容器、中间件和大数据平台。

④ DaaS 层。DaaS 层主要提供关于电子政务的数据服务，例如，GIS 平台、政务数据共享和交互平台、政务数据公开平台。这些平台服务可使电子政务应用的开发、测试和部署更方便、更快速，让相关人员聚焦于实际的工程需求，而不是与各个部门相互之间点对点沟通其他琐碎的技术性事务。

⑤ SaaS 层。SaaS 层主要包括电子监控、行政审批、系统办公（包括综合治税等）、商务服务（包括办理电子证照等）及政务网站群等，本层主要由应用软件开发商完成。

⑥ 系统安全保障体系。以上 5 个服务层次都需要信息安全保障体系来进行防护，因此，系统

安全保障体系在总体架构中是一个端到端的子系统。系统安全保障体系主要包括物理安全、网络安全、虚拟化安全、应用安全、认证安全、安全管理等。

⑦ 运营运维管理体系。要保障政务云平台的可靠高效运行，除了信息安全保障体系，还需要一个良好的运维体系，以提供监控、调度、资源的管理运维动能。

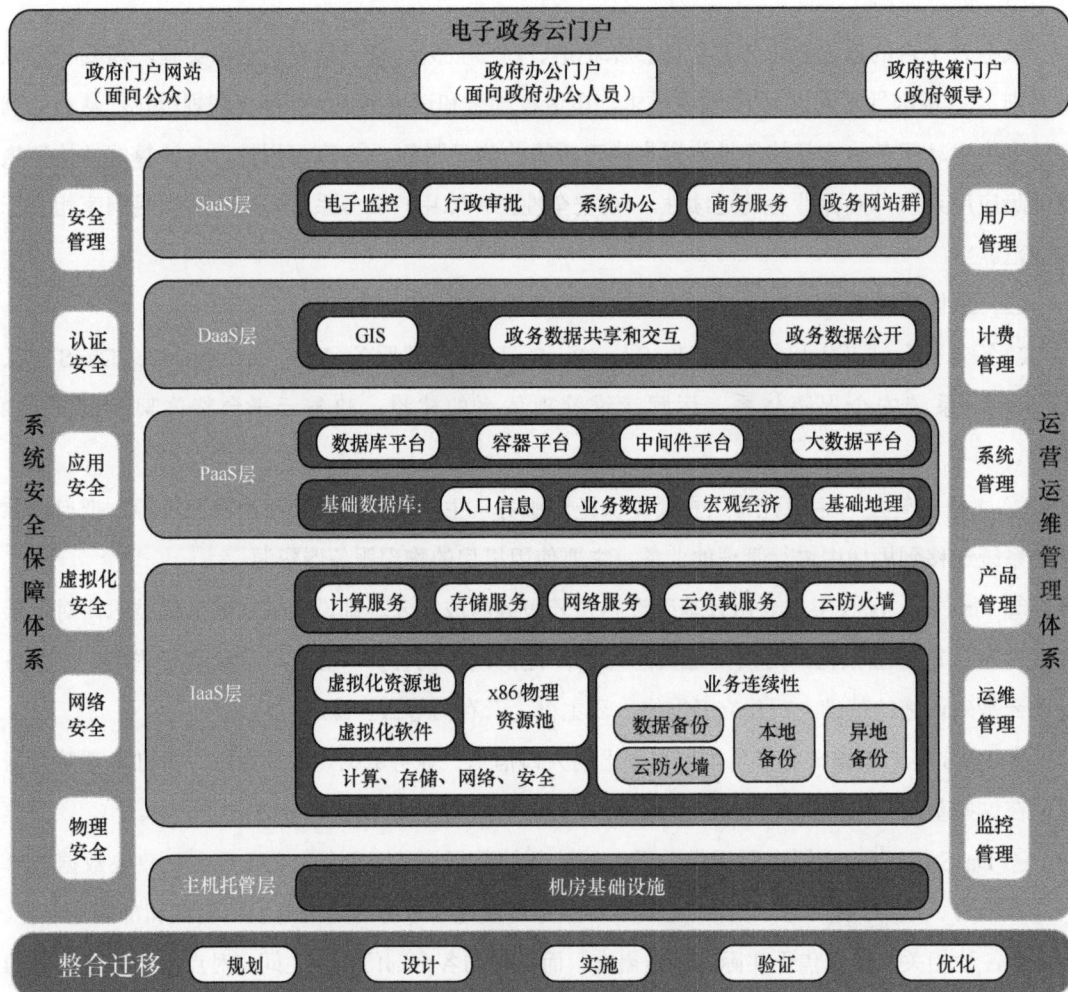

图2-2 政务云平台整体架构

（3）物理组网架构

政务云平台整体物理架构采用了扁平化的网络架构，通过核心交换机统一调度南北向访问和东西向交互，根据安全防护要求，政务云平台规划区域见表2-1。

表2-1　政务云平台规划区域

序号	区域		部署设计
1	计算区	电子政务外网区	公用业务区:承载政府部门公共服务业务,以及跨部门联动的业务系统资源。 专用业务区:承载各委办局的专用业务系统资源区
2		互联网区	为群众和企业提供互联网门户网站服务和政务服务
3		管理/备份区	部署系统云平台管理软件,包括 OpenStack 云平台、ManageOne 云管理平台、分布式存储管理软件、软件定义网络(Software Defined Network,SDN)控制器、备份管理节点等
4	边界防护区		部署接入电子政务外网的安全防护设备,例如,边界防火墙、虚拟专用网、入侵防御、防病毒网关等
5	跨网数据交换区		部署跨域交换设备进行政务外网区和互联网区的跨网数据交换
6	核心网络区		部署核心交换设备和防护设备
7	存储区		部署采用光纤通道(Fiber Channel,FC)、协议的存储区域网络(Storage Area Network,SAN)、阵列存储和分布式块存储为现网计算区提供存储资源
8	安全运维管理区		部署系统安全运维的管理服务器,包括 eSight、堡垒机、日志审计、统一安全管理平台等

　　政务云平台的建设依赖数据中心的服务器、存储等资源,采用大数据、云存储、云计算等技术,努力实现电子政务从低效能分散的粗放式建设向高绩效协同的集约化发展模式转变,降低了政务服务的建设成本,全面推进了跨部门、跨层级的业务协同和政务资源信息共享,有效解决了政府间的"信息孤岛"问题,推动了云计算、大数据在政府管理、公共服务、决策等领域的广泛应用,形成具有特色的智慧政务的良好局面。

2.4　中枢:城市数字治理中心

　　国家治理体系和治理能力现代化离不开现代信息技术的支撑和数据作为新生产要素的有效供给。换言之,信息技术的渗透力很强,可以使现代治理得以更好地实现,新技术的发展和应用在国家治理现代化方面大有作为。

2.4.1　建设目标

　　城市数字治理中心是指一个由城市政府或相关机构建立的数字平台,以人本思维、赋能思维、整体思维、动态思维突破传统城市治理敏捷性、协同性和多样性三元困境，以数字治理持续提升城市治理水平，打造"一网共治"的数字治理模式，整合城市各部门和机构的信息系统和数据资源，实现信息共享、互联互通，提高城市管理的效率和精度，实现智能化管理和服务。具体来说，城市数字治理中心的建设目标主要有以下 5 个方面。

① 建立可视化数字平台。城市数字治理中心的核心是数字平台，通过整合城市各部门和机构的信息系统和数据资源，实现信息共享、互联互通，提高城市管理的效率和精度。数字平台需要具备数据采集、存储、处理和分析等能力，同时确保数据的质量和安全。

② 实现城市大数据分析和智能决策。城市数字治理中心需要利用数字技术和平台，进行城市大数据分析和智能决策，通过数据挖掘、数据分析等手段，提供城市管理决策和预警分析服务，促进城市治理的科学化和精细化，提升对城市发展、运行、服务和突发事件应对需求等的响应能力。

③ 提升城市数据质量和安全保障。城市数字治理中心需要建立城市数据标准和规范，制定数据管理政策和安全保障体系，完善城市数据质量和安全保障体系，提高城市数据的可信度和可用性。

④ 提供全天候城市服务。通过数字技术和数字平台，实现便民、快捷、高效的城市服务，提升群众生活质量和满意度。这需要建立数字服务平台，实现在线服务、预约、支付等功能，同时整合城市交通、环保、安全等信息，提供更便捷和智能的城市服务。

⑤ 推动城市数字经济的发展。通过数字技术和数字平台，促进城市创新、创业和产业升级，打造数字化经济生态系统，实现城市可持续发展。这需要建立数字产业园区、孵化器、创客空间等创新平台，吸引和扶持创新创业企业，同时整合城市的产业链和供应链，提升城市产业竞争力和经济效益。

2.4.2　建设内容

1. 总体架构

为支撑"城市经济运行、基本公共服务、城市精细化管理"三位一体的城市治理能力提升，实现"一网整合数据、一屏可观全局、一体应急联动"，新一代"城市大脑"总体架构如图 2-3 所示。

新一代"城市大脑"以应用与数据集成平台为核心，依托于大数据平台和各委办局数据，定制专题应用服务，接入视频云平台、融合通信平台，集成到驾驶舱里统一接入与展现，实现对城市运行的查询与指挥调度。

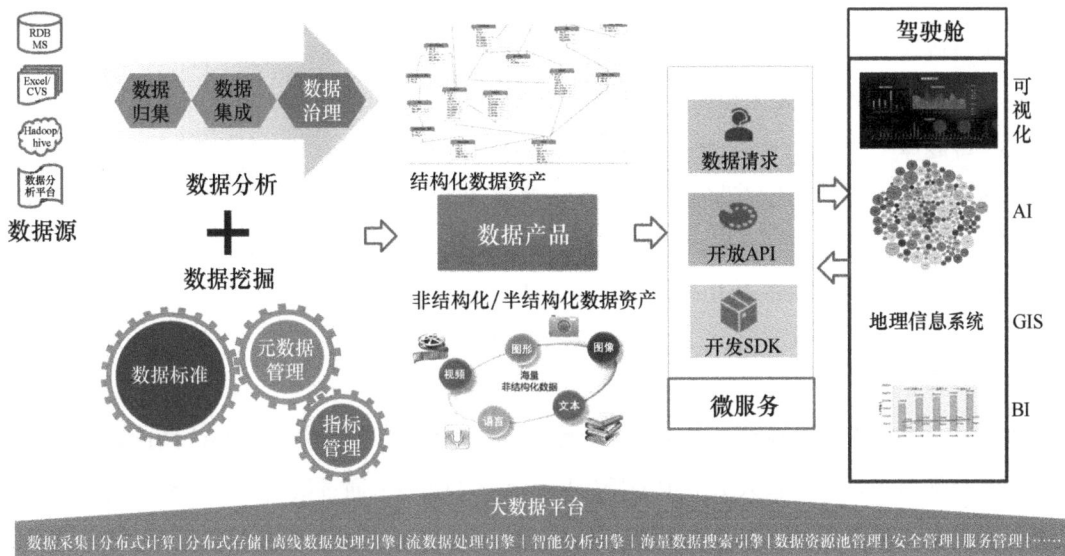

图2-3　新一代"城市大脑"总体架构

新一代"城市大脑"总体架构开发服务实现基于大小屏幕的城市体征和城市经济社会发展等综合指标分析展示，以满足城市管理需求为基本出发点，支持指标下钻和关联分析，实现城市运行态势全面掌握。基于新一代"城市大脑"功能，城市管理者可以对城市运行状况进行全局的监控和评价，并通过数据钻取、数据挖掘等功能对异常指标进行深度分析，及时处理问题，为城市管理提供科学的辅助决策支撑，提升城市治理水平。新一代"城市大脑"包含城市体征、经济社会发展等综合指标，以及新一代"城市大脑"配置管理系统（包含大屏端版本、手机端版本、计算机端版本和平板电脑端版本），根据用户需求进行用户界面（User Interface，UI）设计和调整迭代。

2. 数据架构

（1）原始库

各类政务数据、行业数据、互联网数据通过数据采集工具汇集至原始库存储，数据传输过程不涉及数据治理相关的清洗及转换工作，可以为后期数据比对校验提供数据溯源支持。对从原始库汇集的数据进行去脏、去重、落标等工作，通过数据集成工具调用数据治理系统的各类质量规则、脚本及业务代码标准库等内容来实现，后续所有信息资源库的建设都是基于这一阶段的处理成果。治理后的数据按照数据来源进行分区存储，后续根据应用服务的要求分别抽取使用，并按照数据生命周期进行历史数据归档处理。

（2）基础库

基础库主要包括现有的人口库、法人库和城市数据库等。

（3）专题库

专题库是根据数据应用建设的，通常包含较为复杂的指标计算、数据融合、数据重构等工作，加工形成各类复杂指标，并调用数据治理工具的质量处理规则来保障指标结果的可靠性，数据主要来源于基础库、原始库。

3. 流程分析

新一代"城市大脑"数据分析应用建设离不开各类技术平台的底层支撑。通过数据交换平台和数据资源目录，统一接入大数据分析应用所需的数据源；通过数据治理平台和数据集成平台，实现数据资源的统一汇聚、融合和分发；通过大数据基础平台实现数据的统一存储；通过商务智能（Business Intelligence，BI）分析平台、数据挖掘平台和数据可视化平台，实现大数据应用的计算分析和可视化呈现。

新一代"城市大脑"数据应用的分析流程分为外部流程和内部流程。

外部流程是为新一代"城市大脑"数据分析应用进行数据采集、汇聚和融合的数据资源准备工作，通过数据交换平台、数据接口、网络爬虫等数据采集通道，将新一代"城市大脑"数据分析应用所需的数据资源汇聚到原始库、基础库和专题库，作为新一代"城市大脑"数据应用分析的上游数据资源池。内部流程是新一代"城市大脑"数据分析应用的作业流程，包括数据原料准备、数据分析建模和分析结果呈现。

（1）数据源接入和归集

通过数据交换平台接入政务数据源，采集新一代"城市大脑"数据应用所需的政务数据资源；通过数据接口、网络爬虫等接入社会数据源，从企事业单位和互联网采集大数据应用所需的社会数据资源。

（2）数据统收统发

政务数据资源和社会数据资源经过数据治理活动，进行统一存储和元数据标注，建立原始库、基础库、主题库等，作为新一代"城市大脑"数据应用的上游数据资源池。

（3）数据原料获取

新一代"城市大脑"数据应用通过数据资源目录从原始库、基础库、主题库订阅数据原料，按照不同专题应用、基于基础指标体系建立数据原料库。

（4）数据建模分析

新一代"城市大脑"数据应用按照不同专题、基于算法和模型建立中间库，将数据分析的过程数据存储在中间库。

（5）分析结果呈现

新一代"城市大脑"数据应用按照不同专题、基于核心指标体系建立结果库，基于可视化卡片呈现可视化态势。

2.5 保障：治理标准法规体系建设

2.5.1 建设目标

1. 数据安全

随着新技术突破算法、算力的限制，数据安全成为推进城市建设发展的重要因素。多种数据以"数据孤岛"的形式存在，数据拥有方、数据加工方及数据应用方分离，数据权属难以确定和追溯，且各方数据中涉及诸多隐私问题，导致城市数据难以被安全高效地流通共享应用。在保证数据安全、不泄露隐私数据的前提下，为实现数据自由流通和共享，区块链、隐私计算等数据安全技术快速发展和普及应用，可有效解决"数据孤岛"问题，做到数据可用不可见，并实现数据可确权、可追溯，充分释放数据价值，提升城市治理效率。

（1）数据采集安全

数据采集环节应明确数据采集原则、方法和目的，建立必要的内部监督机制和管理流程。需要采用数据资产发现工具统计和梳理组织采集的数据资产，并通过工具自动识别其中包含的敏感数据，对数据源进行安全监测和管控，通过认证、密码、审计等技术保障数据采集安全，实现数据采集正当、合法、合规、安全。制定组织内部统一的数据质量规范及标准，以及监督和评估流程。采用技术手段监控采集数据的质量，包括数据的完整性、一致性、准确性等指标。

针对训练数据集，评估数据集的完整性、多样性、数据标注质量和数据污染情况等，建立数据采集日志，实现数据采集过程可追溯。

（2）数据传输安全

数据传输环节应确保数据的完整性、机密性，防止数据被篡改和泄露，需要采用数据加密、签名、安全通道、认证等技术保障数据传输的安全性。

（3）数据存储安全

数据存储环节要保障前端、设备终端及云端的数据安全存储，一方面前端和设备终端的数据存储环境安全性差，安全防护能力弱，给数据存储带来安全风险；另一方面云端数据库安全问题突出，数据泄露风险大，需要制定和部署严格的访问控制策略，确保数据不被非授权访问。加密存储手段可实现对数据库及数据的加密，并根据不同粒度对数据库进行透明加解密，保证数据安全可用。建立有效的密钥管理机制实现对密钥的安全管理。部署数据安全网关，利用数据标签和用户风险等级对用户进行细粒度动态访问控制，防止数据泄露。通过数据安全审计工具对安全事件、行为事件等日志进行全面监测，及时发现各种安全威胁、异常行为事件。

（4）数据使用安全

数据使用是对数据进行操作、加工、分析的过程，此环节面临较大的安全风险，例如，数据非授权访问、窃取、泄露、篡改等。数据使用环节需要制定数据使用管理规范和数据分析管理规范，对内部人员特权账号、特权权限、特权行为和数据开发商的数据访问权限等进行严格安全管控和审计，保障数据使用和数据分析的合规性和安全性。需要运用数据静态脱敏、动态脱敏、个人身份去标识、密文透明处理等技术保障敏感数据使用和数据分析过程中的安全。需要建立面向数据使用的访问控制策略，包括数据应用接入的合法性和安全性审核机制。

（5）数据共享安全

数据共享环节需要建立必要的数据供应链管控机制和数据交换共享管控机制，并确保数据交换共享的合规性，需要运用数据标签、数据交换共享管控等技术手段实现数据供应链安全和数据共享安全。涉及数据跨境传输的组织，需要建立组织内部数据跨境流动评估机制，确保数据跨境传输的合规性。

（6）数据销毁安全

数据销毁环节应建立组织内部数据可信销毁监督机制，并借助可信删除等技术实现数据的安全销毁和删除。

在数据安全治理过程中，需要重点加强的数据安全技术包括加密技术、访问控制、个人信息去标识化、数据脱敏、数据标签、数据交换共享管控、数据备份容灾、数据可信删除等。同时，需要加强开发环境和应用场景中的数据安全风险评估能力，帮助发现数据安全风险点，全面了解可能面临的各类风险。

2. 网络安全

城市治理网络层要重点关注基站空口侧、承载网、核心网等方面的安全。

（1）基站空口侧安全

UE 终端到基站之间的空口面临以下三大类安全威胁：① 空口的用户数据被窃听和篡改的风险，为应对此安全威胁，可以增设空口数据包的加密功能；② 攻击源对空口的恶意干扰的风险，可以在全网部署统一的伪基站监测系统和频谱干扰监测系统；③ 空口分布式拒绝服务（Distributed Denial of Service，DDoS）攻击的风险，可以部署 DDoS 防御系统。

（2）承载网安全

对于承载网安全，在设计网络时避免单点故障，另外可以考虑部署 IPSec 安全加密，保障网络数据报文的机密性和完整性，避免业务流量非法监听或网络重放攻击，以配置安全套接字层（Secure Socket Layer，SSL）加密等安全措施，避免可能的路由协议攻击。此外，可通过虚拟局域网、虚拟专用网等技术实现承载网的逻辑或物理隔离，降低网络风险。

（3）核心网安全

核心网安全是整个网络安全的重中之重，需要重点防范来自外部网络的入侵对核心网的设备系统造成破坏，或者给设备网元植入木马病毒窃取敏感数据信息。

核心网数据中心的业务正常运行对网络乃至整个城市的安全稳定有着至关重要的影响，因此还需要考虑核心网自身的高可用容灾备份，确保在受到大规模攻击破坏或地震火灾等意外事故的情况下，也能维持业务的连续性。

3. 应用安全

城市治理应用平台的系统安全体系架构包括以下 6 个方面。

① 对系统用户信息进行集中管理，实现统一身份认证、统一用户命名和单点登录，根据现有 CA 认证系统及用户在系统中的角色定位，进行相应的权限配置，以有效管理访问权限。

② 设置入侵监测系统，根据实时数据实施应对措施，防止应用平台被非法入侵。

③ 采用专业漏洞扫描工具对系统进行漏洞扫描，安装防病毒系统，及时发现潜在安全隐患，

并根据扫描结果进行应对处理。

④ 在应用平台的系统与网络安全的基础上，保证网络间的数据交换传输安全。

⑤ 通过操作日志功能定义和区分操作级别，为日志分析功能提供数据，增强系统防护性能。系统可支持对并发访问数等性能参数进行比对，以便系统管理员及时调整和优化系统性能。

⑥ 从安全规章制度建设、安全管理手段建设等方面建立完善的安全防护系统。

2.5.2 建设内容

1. 数据标准的制定

城市数字治理需要建立相关的数据标准，促进城市治理中的数据融合、联动。

（1）打造数据治理标准体系

① 构建数据清洗治理标准体系：建立数据清洗治理基础标准，主要包括总则、术语和参考模型等；建立数据管控规范，主要包括数据元规范、数据资源管理规范、数据质量管理规范、主数据管理、元数据标准规范等；建立安全类规范，主要包括数据安全管理框架和数据安全治理规范，明确各类安全管理手段和使用策略，指导数据安全管理和技术建设。

② 构建数据要素的标准体系：制定数据元件的规格标准、设计规范、模型规范和数据元件开发商的准入规范；制定数据元件的质量标准规范；制定数据元件上架标准、安全审查标准、分级分类标准和管理规范。

③ 构建数据流通的标准体系：建立数据元件质量评估体系、数据元件定价标准、数据元件发布标准和数据元件交易管理标准；建立数据流通协议规范和数据安全流通规范。

（2）确立城市信息模型标准

研究制定 CIM 框架标准，形成兼容不同数据类型、不同信息系统的统一城市信息模型，实现多源空间、模型数据准确集成，以及多模态数据融合表达。

（3）完善多元异构数据融合处理标准规范

统一矢量、栅格、网格、模型、点云、政务、感知等各类数据的格式、编码，形成全周期的数据标准规范，构建多源异构数据的融合处理能力，形成面向 CIM 平台的信息资源与空间位置服务规范标准。

（4）建立城市级海量数据的实时接入服务标准

研究数据动态加载、数据供给、数据服务等标准，实现跨行业、跨领域的数据实时接入，建立政府与社会各行业数据联动机制，制定数字孪生城市信息共享制度和数据安全保护规范。

2. 规则标准的制定

规则标准持续出台让城市治理"有规可依"，在国家标准化管理委员会的统筹推进下，我国持续深入参与国际标准化组织（International Organization for Standardization，ISO）、国际电工委员会、国际电信联盟的智慧城市国际标准化工作，并进行研究成果转化，目前我国已经初步搭建形成智慧城市标准体系，智慧城市建设应充分参照《智慧城市顶层设计指南》《智慧城市 信息技术运营指南》《智慧城市 公共信息与服务支撑平台》《智慧城市 数据融合》等一系列标准要求，积极探索建立城市智慧建设标准规范体系，充分衔接数字政府相关规则标准，确保城市治理过程中网络、数据、平台、应用建设的平滑兼容。规则标准体系需要涉及术语定义、参考模型、评价指标、支撑平台、数据融合、基础设施、顶层设计、运行管理等多个方面。

业务指导系统应符合以下规则。

① 政策法规模块应具备汇聚、共享和展示城市管理领域的法律、法规、规章及标准规范等功能。

② 行业动态模块应具备汇聚、共享和展示地方城市管理机构设置、队伍建设、执法保障、信息化应用、改革进展、专项行动和重点任务落实情况等功能。

③ 经验交流模块应具备接收、共享和交流地方城市管理经验等功能。

监督检查系统应符合以下规则。

① 重点工作任务督办模块应具备向下级平台布置工作任务、明确工作要求和完成时限、接收下级平台反馈的工作进展和落实情况、对即将逾期工作任务进行督办、对已逾期工作任务进行通报的功能。

② 联网监督模块应具备查看联网互通的省级平台、市级平台建设和运行情况的功能。

监测分析系统应符合以下规则。

① 风险管理模块应具备汇聚城市运行中的风险信息和隐患信息，通过系统对接方式定期进行更新，通过红、橙、黄、蓝风险"一张图"的形式，展示城市运行风险等级分布和风险点危险源分布等功能。

② 监测预警模块应具备汇聚城市运行监测报警信息，按区域、类型和报警持续时长等进行

统计分析，掌握城市运行故障发生情况和处置管理情况等功能。

③ 风险防控模块应具备风险防控资源管理、预案管理、风险事件处置搜索和事件链关联分析等功能。

④ 运行统计分析模块应具备对城市运行中的风险管理、隐患排查治理、巡检巡查状况和安全事故发生数量等信息进行汇总和分析，建立统一的评价标准，对城市运行风险管控情况进行量化分级等功能。

综合评价系统应符合以下规则。

① 评价指标管理模块应具备对指标编码、指标名称、指标描述、分值、评价方式、计算公式、评分方法、评价网格、评价点位和检查项等进行配置管理的功能。

② 评价任务管理模块应具备基于评价指标库生成评价任务、分发评价任务及回传评价结果等功能。

③ 实地考察模块应具备向现场检查人员派发任务、现场检查人员按照任务要求实地检查并通过移动通信手持设备上报评价结果的功能。

④ 评价结果生成模块应具备基于评价指标数据和评价任务完成情况，按规定的评价周期生成评价结果的功能，评价结果可采用文字和图表等可视化方式表示。

决策建议系统应符合以下规则。

① 具备以时间、空间、分级和分类等多维度展示汇聚数据的功能。

② 具备基于汇聚的业务指导、监督检查、监测分析和综合评价等数据，为决策工作提供城市运行管理服务相关信息的功能。

数据交换系统应符合以下规则。

① 应能够从下级平台获取城市运行管理服务相关数据。

② 应能够从相关部门获取城市运行管理服务相关数据。

③ 应具备接入平台配置、接口服务发布、接口服务订阅、数据交换和接口状态监控等功能。

应用维护系统应符合以下规则。

① 应具备机构、人员、权限和系统等配置功能。

② 应具备为省级和市级登录业务指导系统进行账号和权限配置功能。

3. 协同机制的制定

基于城市治理数字底座，对城市范围内跨行业、跨部门、跨系统的政务数据、物联网数据、经济数据和社会数据进行汇总、治理，并依据业务需求进行加工后，封装形成信息化服务能力对外提供,实现城市数据互通共享共用,促进跨部门业务的协同。

信息化、智能化、数字化的城市建设是一个循序渐进的过程。由于多方因素,在前期信息化建设的过程中留存大量的"数据孤岛"。"数据孤岛"的存在导致"业务孤岛",在政务服务智能化与数字化建设的过程中,严重影响政府业务协同效率,直接影响政务服务应用建设。

在目前"一网通办"建设不断深化的过程中,数据壁垒打通融合仍是重点。

数据协同需要全面植入下一代物联网数据处理的各个层级中,从多源感知数据处理、多类型数据协同存储、统一数据分析架构等方面来定义,实现城市治理中多源数据的协同处理。

多系统协同感知、多协议融合技术、协同分析引擎、"端、边、云"智能协同等技术将助力协同化渗透到城市治理的各个环节。

① 协同感知处理:基于多系统协同感知,通过人工智能技术自动感知和采集多个系统的元数据,并进行数据协同分类,从而生成全局统一的数据视图,数据寻找可达秒级响应。

② 协同存储:通过智能分布式存储的多协议融合技术,打破存储系统"烟囱式"建设,实现多类型数据协同存储。

③ 协同分析引擎:基于统一的数据分析架构,满足一份数据同时支持数据库、大数据、人工智能等多引擎协同分析需求,实现从单一数据处理到智能协同处理的演进,从而降低海量数据的处理难度,加速发掘数据价值,实现极简分析。

④ "端、边、云"智能协同:"端、边、云"智能协同可以针对不同业务对算法、算力及数据资源的性能需求,构建业务自动部署、资源按需分配的业务智能处理形态。

2.6 借鉴:国内外城市治理经验分析

目前,我国正处于智慧城市建设加速发展的时期。为解决城市发展难题、实现城市可持续发展,国内外智慧城市建设的经验学习非常重要。

2.6.1 国内城市治理案例

1. 杭州模式:依托头部互联网企业联合创新

杭州的智慧城市建设特点主要有:① 高效有序的专班工作模式,依托数据中台、人工智能、

5G 等在政务处理方面发挥效率提升的作用，使政务管理、"三级联动"等方面的效率大幅提升；② 快速迭代升级，形成过期即改的法规支撑；③ 杭州的智慧化高科技产业相对集中，头部互联网企业云集，云计算资源丰富，依托这些产业链，完善各个环节的解决方案，这是面向市场的企业化运营模式的优势，互联网企业对云计算资源的创新及支撑也是杭州模式的重要组成部分。

2. 上海模式：吹响"一网统管"治理号角

上海的智慧城市建设在新发展格局中找准发力点和突破口，率先探索出一条具有中国特色、体现时代特征、彰显社会主义制度优势的超大城市治理之路，即"一网统管"：应用为要，管用为王。目前，上海"一网统管"工作已经从探索设想到全面建设阶段，进入市、区各方聚焦发力的全面推进期、城市运行管理系统从 1.0 版向 2.0 版提升的升级攻坚期、应用"一网统管"的实战检验期。

2021 年 4 月，上海城市运行"一网统管"系统 2.0 版已上线，市级平台已汇集 50 多个部门的 185 个系统、近千个应用，初步形成贯通市、区、街道三级，覆盖经济治理、社会治理、城市治理的城市工作体系，有力提升了城市治理能力和治理体系现代化水平。

3. 南通模式：把握市域治理的政策契机

南通紧抓首批"全国市域社会治理现代化试点城市"和"大数据＋指挥中心＋综合执法队伍"的改革契机，围绕"数据共享、预警预判、行政问效"核心功能，全面建设三级联动指挥体系，全力打造出市域治理现代化"五个一"新模式。南通对智慧城市的建设布局较早，做出了独具南通特色的智慧城市建设，其中，政企融合也发挥了不容小觑的作用，民营企业、国有企业等在智慧城市解决方案中发挥了重要作用。

在政务数字治理方面，南通将政府数字化建设统筹分为 5 个阶段，分别是垂直业务应用系统，"一网通办"业务系统，垂直领域智能"大脑"，城市治理"一网统管"，"一网通办、一网统管"双网融合，市级指挥中心充分发挥了城市智慧中枢的角色。南通通过引进大数据、人工智能算法技术，开创了一条循序渐进、双网融合的发展道路。

2.6.2　国外城市治理案例

1. 维也纳模式

维也纳是奥地利的首都，其城市治理的重点在交通、住房、通信、能源、资源等领域。

维也纳政府大力推动"城市交通总体规划"和"电动交通计划",用以改善城市建设管理中交通拥堵、尾气污染等问题。维也纳扩大铺设了市区自行车线路和步行区范围,市民可在公共自行车停驻站终端机实现注册、租赁、查询车辆信息和报修损坏车辆等操作,服务中心可根据终端机发回的信息及时采取相关措施,保障公共自行车租赁业务顺利进行。相关部门配合建立相应的智慧资讯和指挥系统,从而实现提高环保交通与公共交通工具使用效率,保障交通资讯和票务网络的优化目标。

"城市供暖和制冷计划"充分体现了维也纳在能源利用方面的成果。供暖系统主要采用燃烧和气化技术将回收的固态垃圾和废水转化为新能源,满足地区暖气和热水需求,从而减少高能耗供暖设备的使用和二氧化碳排放量。在城市制冷方面,维也纳接入节能技术城市制冷系统,该系统的基本能源需求只有传统制冷系统的10%,在提供制冷需求的同时兼顾能源的节约利用。

2. 多伦多模式

在全球十大智慧城市排名中,多伦多位居第二,在城市治理的社会公共服务、城市管理及节能环保等方面取得良好的成绩。

(1)信息基础设施

通过引入私人领域开发商提供的启动资金,多伦多的湖滨社区打造全新尖端网络设施,光纤设施覆盖湖滨社区内的所有建筑,社区内的居民与企业可享受100Mbit/s的高效互联网服务、无线社区网络及社区特有的门户服务等,为该社区吸引更多数字媒体及其他创新企业加入。

(2)社会公共服务应用

多伦多的教学质量标准要求教师使用信息技术满足学习者的学习需求。例如,线上教学、线上研讨,以及组织各个学校、学院及其他组织机构参加视频会议教学。信息技术广泛应用于多伦多学习管理系统中,加强对相关教学管理信息的智能化管理和服务。

(3)城市建设管理应用

多伦多倾力打造名为"发现之旅"的生态网络和步行系统,推出城市短途自行车自助租赁服务,最大限度地减少对高能耗车辆的使用,以此达到节能减排及环保的目标。

(4)绿色城市建设

多伦多市政府为市民提供10多种语言的垃圾分类指示和垃圾回收日历,帮助市民正确处理垃圾分类。多伦多采用新型科技天然气发动机环保节能垃圾车,代替之前的柴油发动机,极大地降低了城市环境污染和噪声污染。在建筑方面，多伦多融入绿色有机外墙和绿色屋顶技术，降低建筑本身的能耗。城市基础设施安装 LED 照明装置，推动市政当局之间的合作，开展节能照明活动。

（5）电子政务应用

多伦多 Wellbeing Toronto 网站项目的建设可以提高市民在多伦多 140 个社区的就业率。该项目旨在帮助市民更好地了解所住社区，进一步加强市民对市政府的了解，加强市民与政府之间的连接和沟通，同时该网页上所登载的第一手民情资料，也给市政府提供了相关的决议参考，以便提供更符合市民需求的公共服务。

（6）信息服务产业

多伦多信息服务企业的密集程度位居加拿大之首。以信息通信技术为首的新技术应用，渗透多伦多的大多数经济领域。多伦多市区信息服务业从业人员约有 14.8 万人，信息服务业年销售额超过 325 亿美元，年出口总额超过 62 亿美元。通过信息服务业集群发展战略，多伦多已成为全球信息服务业研究与商务投资领域最具创新精神的区域之一。

3. 巴黎模式

巴黎作为法国首都、欧洲第三大城市，在可持续发展方面表现突出。法国文化部推出"大巴黎计划"，并成立城市发展委员会实施该计划，逐步实现巴黎可持续低碳节能发展、交通网络重组及消除巴黎郊区封闭状态的目的。

巴黎市政府的城市信息系统主要用于协调城市管理规划相关工作，其中在地下排水系统中的应用成效显著，由此地下排水系统成为巴黎著名旅游景点之一。巴黎下水道网络包括 2 台计算机控制的污水压力提升厂、11 个专门针对雨季塞纳河水的"涨水站"和安全阀，以及 50 个专门保证排水效果的路边下水管道。近年来，巴黎市政府大量使用地理信息系统定期观察地下水管道状况、实时跟踪调查管道清洁程度等，并以此建立数据库以便对地下排水系统实施智能化管理。

4. 纽约模式

纽约是美国最大城市及最大商港，也是世界经济中心之一。21 世纪初，纽约提出促进城市信息基础设施建设、提高公共服务水平的"智慧城市"计划，并于 2009 年宣布启动"城市互联"行动。通过信息化建设，纽约已经成为全球知识和信息交流中心及创新中心。

在社会公共服务应用方面，2005 年，纽约启动电子健康记录系统，并于 2009 年由美国政府与纽约市健康和心理卫生局共同推进该系统的建设和升级。目前，纽约各大医院和社区医疗保健机构普遍采用全套电子病历系统，该系极大地方便了医生对病人病历的调档会诊，提高了医疗措施的准确性。纽约还建立了网上医疗信息交换系统，促进系统之间的医疗信息交换和信息共享；开发移动医疗应用程序，为市民提供随时随地的医疗健康服务。随着信息技术在医疗领域的深入应用，电子医疗成为纽约吸引人才和创造就业的三大关键领域之一。

在城市建设管理应用方面，纽约智慧交通的建设始于 20 世纪末，已建立了一套智能化、覆盖全市的智慧交通信息服务系统，成为美国最发达的公共运输系统之一。纽约智慧交通信息服务系统可以及时跟踪、监测纽约所有交通状态的动态变化，极大方便了机动车驾驶者根据智慧交通信息服务系统发布的交通拥堵和绕行最佳路线的信息选择行驶路线，相关部门也可以根据后台智能监控系统提供的路况信息进行交通疏通处理。E-Zpass 电子不停车收费系统在纽约全市范围内广泛推行，这种收费系统每车收费耗时不到两秒，而收费通道的通行能力是人工收费通道的 5～10 倍。

纽约市集成的"311"代理呼叫热线解决方案面向全体市民、游客及企业提供政府部门的单点连接，从根本上转变了城市公用事业运作方式；建立全市下水道电子地图，清晰显示市内下水管道和相关基础设施，方便施工人员的下水管道清淤等作业活动；通过在下水管道井盖下方安装电子监视器，对水流、水质、堵塞等情况不间断监测，当下水管道堵塞水流水位高于警戒线时，电子监视器就会自动发出警报，工作人员可以根据监视器发回的信息及时采取相应措施，最大限度地预防了灾害的发生，进一步提高了纽约市下水管道的运行能力。

纽约从土地、水源、交通、能源、基础设施、气候等方面制订了相应的实施计划，通过对城市温室气体排放的智能管理和市民参与城市治理，实现到 2030 年将纽约建成"21 世纪第一个可持续发展的城市"战略目标。目前，纽约启动了"纽约市规划计划"，对该市每座面积超过5 万平方英尺（约 4645 平方米）的建筑物的能源使用情况进行年度测量和披露，旨在将纽约建设成为一个更加绿色的城市。

在电子政务应用方面，纽约通过《开放数据法案》将各政府部门所有已对市民开放的数据纳入统一的网络入口，通过便于使用、机器可读的形式在互联网上开放。这些数据主要涉及人口统计信息、用电量、犯罪记录、中小学教学评估、小区噪声指标、停车位信息、住房租售、旅游景点汇总等与市民生活密切相关的信息，同时，也包括饭店卫生检查、注册公司基本信息等与商业密切相关的数据。同时，纽约改造升级政府部门的电子邮件系统，并建立"纽约市商业快递"网站，进一步提高政府工作效率和服务水平。

第三章

"一网共治"数字治理实践新思路

3.1 "一核一网多元共治"数字治理建设蓝图

3.1.1 愿景："一核一网多元共治"

打造国内一流、国际有影响力的数字治理标杆，践行"一核一网多元共治"的先进顶层理念，坚持"以人民为中心"的核心理念，以"统一整体规划、统一建设机制、统一标准规范"为基本原则，可实现"一屏观天下、一网管全城"。把握新时代新要求，从服务对象的需求出发，坚持改革创新，运用大数据、物联网、人工智能、区块链、云边协同、量子通信等新一代信息技术，可打造出城市的"数字治理示范中心、城市治理资源中心、可持续发展能力中心"。聚焦体现智慧城市升级版的数字样板、智治模式，可支撑城市精细化管理、服务领导决策、探索应用创新，推动数字世界可持续发展，最终提升城市治理能力水平，建设集事件管理和事件处置、主题应用和专题应用等多重功能于一体的城市运行全景图。

城市主管部门可在提升城市数字治理能力和数字化生产力水平方面寻找突破口，先行先试、贡献力量，推进现代信息技术与政府政务服务工作的融合创新；推进数字世界与现实世界的融通发展，提升城市治理能力水平；建立统筹推进、点面结合、高效务实、探索创新、安全有序的科学建设体系；建立健全工作管理制度和技术标准规范，提升开放数据治理和利用水平，促进政企数据融合和规模化创新应用，充分发挥数字治理在新型智慧城市建设中的作用。

"一核"即以新一代"城市大脑"为核心，从城市的运行监测、分析预警入手提供数据、工具及应用场景的有效支撑，显著提高社会治理效能。"一网"即实现网格化服务严密的"一网覆盖"。"多元"即坚持多元化主体、多领域治理。城市主管部门可把政府、企业、群众等各方主体都纳入基层社会治理中，形成协调有序、配合高效的工作机制。

3.1.2 一核：新一代"城市大脑"

新一代"城市大脑"依托城市门户App，通过移动端实时动态展示，深化拓展到市域治理指挥中心大屏和计算机，逐步集成城市运行态势全息感知和实现关键事件智能分析、科学研判、预警预测、辅助决策、调度指挥等多领域治理服务。新一代"城市大脑"便于城市管理者随时随地掌控全域的运行态势，洞悉城市安全隐患，了解城市发生的重大事件，城市管理者可随时随地利用多终端多渠道进行沟通协调、指挥调度。

新一代"城市大脑"通过中枢神经系统，提供科学决策支撑，通过大屏可视化、大数据建模分析平台、主题指标库、智能接口平台、智慧实时监控平台等方面的建设，一是可以洞悉社会民生全景视图，为政府提供辅助决策。二是可以打造立体防控系统，实现实景指挥和图上作战。三是可以解读园区发展趋势，在趋势分析中进一步明确产业未来发展重点。四是可以为政府提供对宏观经济的监测、预测及决策支撑。

3.1.3 一网：网格化服务严密的"一网覆盖"

1. 以网格化管理思路破解治理难题

基层党建引领。在提升政府治理水平和治理能力的进程中，网格化管理是城市基层治理的有效措施，网格化管理是推进社会治理体系和治理能力现代化的基础工程、服务群众的民生工程，但仍面临着权重不明、单线条作战、各条块割裂等问题，亟须不断完善。城市需要探索以基层党建来引领社会基层治理的新模式，形成多元协同、一员多用的格局，从而积极适应社会治理转型发展的需要。

提升网格功能。网格化管理依据机构改革后部门职责重新划分的情况，对现有各类网格功能进行调整优化，以行政职能为基础设置网格职能，以行政力量为前提强化网格力量，建立起更加科学完善的网格职责体系，实现多网合一、一网兜底。

完善工作机制。网格化管理以乡镇（街道）为依托建立基础网格，以部门行业为依托建立专业网格，明确各方主体在社会治理中的职权，健全乡街部门联动机制，使乡镇（街道）的属地管理责任和"谁主管、谁负责"的部门行业管理责任全面覆盖、无缝衔接。网格化管理统筹城市管理、社会治安、安全生产、生态环保等领域，督促各方力量及时发现问题、协同研判、科学处置，确保有效化解矛盾纠纷，切实防范风险隐患。

2. 坚持权责统一，创新网格体系

城市主管部门应坚持行政职权和网格职权相统一的原则构建新的网格体系，将网格划分为基础网格（四级）和专业网格（两级），实行基础网格与专业网格联动机制，使乡镇（街道）的属地管理责任与"谁主管、谁负责"的部门行业管理责任在网格内有机统一。以行政区划为基本依据，

同时兼顾区域实际划分四级基础网格，健全完善基础网格和专业网格工作联动机制，共同负责对基层隐患问题及时发现上报、科学有效处置，同时按照工作职责采集基础信息、提供便民服务。

3. 规范运行流程，快速处置应对

社会治理相关问题事项可按照自下而上、先基础网格再专业网格的顺序处置，有序实行应对处置措施。基础网格员发现问题后，对于能处置的直接在本级网格内处置，对于不能处置的上报上级基础网格。对于基础网格内处理不了的重大事项，由乡镇（街道）协调，按照先二级专业网格后一级专业网格的顺序进行处置。对于涉及多部门的重大事项，由乡镇（街道）牵头，统筹各相关专业网格共同处置。

4. 健全考核机制，压实治理责任

完善考核制度设计，乡镇（街道）对各职能部门履行网格管理职责、配合开展对社会治理问题处置情况进行测评打分，各职能部门对乡镇（街道）落实属地管理责任、及时发现问题并协调问题处置工作情况进行测评打分，通过互评全面准确地反映各职能部门在履行网格管理职责方面的工作情况，推动各级各部门真正担负起基层社会治理的责任，使"一核多元，融合共治"社会治理模式成为真正有效实用的工作机制，为社会发展提供稳定的社会环境、良好的法治环境。

3.1.4　多元共治：多方参与，协同治理

社会组织参与公共服务供需结构和总量的平衡是公共服务治理的重要表现形式。没有社会组织的参与，就没有真正的治理。政府需要重视和发掘社会资源，为各种组织进入公共事务管理与服务的平台进行制度设计和机制创新，构建新的治理体系，纳入政府、社会组织、企业、群众等多元主体，全面推进全方位、立体化合作治理模式。

"城，所以盛民也"。构成城市的不仅是道路桥梁、商厦楼宇，更是生活在其中的广大群众。他们是城市的主体，也应当是治理的主角。要让城市更和谐、更宜居，尊重群众的主体地位，遇事与群众多商量、向群众多"取经"，是尤为重要的。特别是对于大型城市，面对纷繁复杂的城市治理问题，只靠政府一方积极，工作很难开展，也难让群众有切身的获得感。如何最大限度地吸引群众参与，做到"统筹政府、社会组织、群众三大主体，提高各方推动城市发展的积极性"，应当成为我们探索城市多元共治的创新路径。

城市治理是一项大课题，落脚点却是群众身边的小事情。批发市场往哪儿疏解、公交票价如何改、百姓"菜篮子"补在哪里，广大群众对这些贴近自身利益的问题最有感触，也最有话语权。身处网络大发展时代，建言献策的渠道更多元、更通畅，广大群众既是发现城市治理问题的源头，同样也是破解城市发展难题的"富矿"。事实上，鼓励群众参与城市治理已是一条重要的"国际经验"。新加坡市镇理事会中有很多普通市民，每两个月召开一次理事会会议，与市民共同商讨城市管理中的具体问题；伦敦市政府每年都要召开一到两次城市市民会议，邀请市民讨论健康医疗、城市未来发展等问题。我国应强化共治思维，建立一个兼顾多方利益诉求的治理体系，使治理决策更加科学。共治，共是一种态度，治是一种能力，共治不仅体现在把群众动员起来征求意见，更体现在把意见综合起来形成共识。

有学者认为，国家治理是制度与人的关系，它通过引导、协商、沟通、参与来达到治理目的，强调多元互动共治，寻找不同利益群体最大的"价值公约数"，从末端执法向源头治理转变，形成多元共治的城市治理模式，离不开城市管理执法体制的改革。

不论是加快推进执法重心和执法力量向市县下移，还是推进城市管理领域大部门机制改革，抑或是健全法律法规体系和执法制度、建设一支过硬的执法队伍，城市主管部门可通过城市管理执法体制改革进一步释放利益空间和发展空间，进一步激发社会活力，进一步改善并优化城市管理者与服务对象的互动关系，使城市更加安全、更有品质、更有情怀。

3.2 基于建立健全体系机制，实现数字治理"扁平化"

3.2.1 创新数字治理体系

1. 基于典型城市的经验研究，探索"数字治城"的路径

本节选择典型城市的治理实践作为案例进行分析，探索各地城市治理的关键策略及有效路径，梳理形成政府城市治理体系建设的实施经验。

北京：北京为提高城市管理智能化水平，实现精细化管理，加强新技术与城市智能管理的深度融合，在城市管理领域充分利用物联网、云计算等技术，建设环卫、燃气、供热、地下管线等信息化系统，大力推进城市管理精细化。一是加强网格化城市管理。北京搭建网格化城市管理系统，共划分 5.7 万个管理网格，覆盖 16 个区、330 个乡镇（街道）、6232 个社区，重点监管 7 个大类 101 个小类，总计 607 万余个城市部件。10 余年来，北京累计处置城市管理问题约 6000 万件。二是加强城市运行监测。北京开展"城市生命线"实时监测物联网应用示范工程，通过采集北京市燃气集团、热力集团、自来水集团、排水集团及北京市电力公司的业务系统实时数据及汇总类数据，对北京运行管理的重要方面进行监测、预警、分析。三是提高城管执法水平。北京深入推动基于感知、分析、服务、指挥、监察"五位一体"的首都智慧城管建设应用工作，实现对城市重要区域的全天候监控，实时掌握执法力量分布情况。

上海：上海建成"一网通办"总门户，重点打造统一的市区联动数据开放平台，建立健全工作管理制度和技术标准规范，提升开放数据治理和利用水平，促进政企数据融合和规模化创新应用，积极探索具有上海特色的开放创新模式，更好地服务上海"五个中心"和自由贸易试验区建设，为我国全面推广公共信息资源开放积累经验。

深圳：在以人民为中心的党建引领基层治理体系方面，深圳创新了"党建＋政务服务"新模式，打造"深圳品牌"政务服务新平台，探索出一批让群众拥有更多获得感、幸福感、安全感的政务服务。2019 年，深圳统一政务服务 App"ⅰ深圳"上线，通过融合全市政务服务数据，充分挖掘和释放数据价值。截至 2022 年 3 月，"ⅰ深圳"App 已接入 3 个中直单位、40 个市级单位和 10 个区级单位的 8300 项服务，以及 410 类电子证照和电子证明，累计下载数 1970.1 万，为 1408.5 万名用户提供指尖服务 16 亿次。深圳在全国率先推出 200 多项"秒批"、500 多项"不见面审批"、400 多项"全城通办"政务服务事项，陆续推出"午间延时服务""容缺收件模式"等一批标志性改革举措，提升了企业和群众办事的满意度和获得感。

杭州：杭州作为我国信息化、数字化建设的先行城市，一直致力于以数字化、智能化带动技术、管理、服务、产业创新，以"城市大脑"建设倒逼政府流程再造和管理创新，相关的管理办法的出台快速有序。2018 年 4 月《杭州市城市数据大脑规划》对外发布，2019 年 1 月《城市大脑建设管理规范》和《政务数据共享安全管理规范》发布，2020 年 6 月，杭州在国内首次发布了《杭州城市大脑数字赋能城市治理促进条例（草案）》，杭州在区一级也发布了《"城市大脑·萧山平台"项目建设管理细则》。同时，杭州将"城市大脑"纳入城市基础设施建设，48 个应用场景均对县（市、区）政府开展绩效考核。杭州也成为全国第一个采用城市数据大脑模式，通过政府数据和社会公共数据的共同融合来治理的城市。

贵阳：贵阳率先建设中国南方能源大数据中心、块数据城市、贵阳大数据交易所、大数据科创城、大数据安全靶场等，并且将在小型城市生态系统上开展数字孪生城市试点，以数据连接万物，以数据驱动城市决策，打造信息化、智慧化城市。

结合以上典型城市的治理实践，要提升城市治理现代化水平，必须善用大数据，发挥数据治理推动城市治理精细化与智慧化发展的重要作用。本节将提出数字驱动的城市治理路径。

基于智慧城市的已有建设成果和成熟经验，我国应构建体现国家治理落地性和城市成长性的"数字治城"范例。建设数字治理中心体系：以数据中台、数字治理平台、业务中台为核心的自主可控、科学优化的能力平台；依托大数据进行技术创新和模式创新，打造协同融合的多场景应用标杆等。

2. 以"数字治城"思维为先导，构建城市智慧治理体系

围绕"治理能力不断提升与系统持续成长过程匹配"，以数据治理体系为支点和关键点，基于现有的基础设施层、数据资源层、公共平台层、智慧应用层和用户层的各项数据，分层次升级组合，形成城市治理需要的"构件"，实现由城市管理体系向城市治理体系过渡。

3. 以数据中台为核心，搭建城市智慧升级"动力引擎群"

（1）数据中台

数据中台是通过数据技术，对海量数据进行采集、计算、存储、加工，同时统一标准和规范形成标准数据存储，形成大数据资产层，为内部和外部提供高效服务的新型数据服务平台。数据中台包括数据选择与采集平台、大数据服务套件、数据安全管理平台、数据结构化与处理平台、数据生成与应用平台、数据开发服务、分布式数据服务平台等。数据中台可为数据透明、数据准确和数据共享交换提供基础，解决当前各条线数据"上下不连（垂直）""左右不通（横向）"的关键问题；针对数据中台，围绕数据归集、数据结构优化、数据分层次生成、数据开放全流程实现端到端的数据链服务能力。数据中台底层技术采用流处理技术、图数据库、分布式数据库等新技术；数据开发层提供数据的采集、开发，以及大数据服务套件，支持结构化、半结构化、非结构化数据的采集和存储；数据管理层沉淀共性数据服务能力，通过数据服务满足横向跨专业间、纵向跨不同层级间的数据共享、价值挖掘、分析应用和融通需求；数据服务层汇聚算法模型库、深度学习框架、建模工具、可视化组件等模块，更好地服务上层应用。

（2）技术中台

技术中台主要为数字治理提供共性技术赋能与应用支撑。一方面，智慧应用的功能和服务在不断地提炼、总结共性，然后下沉到平台层；另一方面，基础设施对计算、存储和网络的管理，

配置越来越灵活，维度越来越精细，与平台层融合越来越紧密。因此，技术中台将共性技术集成整合为城市的数字底座，实现统一技术标准、共性技术沉淀、共性技术应用、统一技术服务等功能，主要包含微服务开发框架、微服务治理组件、分布式数据库、数据处理组件等关键技术领域的组件。

（3）业务中台

业务中台汇聚多种创新智慧应用，为用户提供统一的业务底层支撑能力平台，满足政府层面开放服务的重要需求。业务中台包括统一身份认证、可信电子证照、非税支付、社会信用体系、移动政务应用支撑平台、地理信息公共平台等模块。业务中台以群众需求为导向，围绕人民群众的真正需求建设创新应用，构建"一门通办，同城通办"的新型业务服务模式，突破资源配置界限，突破横向、纵向界限，突破空间、时间界限，最终实现以网上办事为主、线下办事为辅、终端办事为补的服务格局，全面实现政务服务"全城通办"。

4. 加快数据资源采集汇聚，建设完善城市"大数据湖"

（1）加快数据资源采集汇聚

① 加快政务数据采集汇聚。全面盘点城市各区、各部门现有 IT 系统，梳理各部门履职过程中产生的数据资源，形成全量数据资源目录。依托政务信息资源共享平台，加快各区、各部门政务电子数据汇聚到数据中心，并及时维护更新，推动各部门纸质数据电子化，并汇聚至数据中心。

② 加快社会数据采集汇聚。建立社会企业大数据采集渠道，加快水、电、气等公共事业单位的数据采集，并将行业管理或服务需要的数据全量汇聚到数据中心。加快互联网数据采集，对于各单位管理与服务所需的电信运营商、互联网公司等数据资源，统一汇聚到数据中心。

（2）建设完善城市"大数据湖"

① 完善数据架构体系。按照数据管理质量要求，开展数据清洗、质量稽核、梳理融合，形成统一的城市"大数据湖"。搭建包括基础库、中心库、主题库和部门（行业）数据库在内的数据架构体系，明确界定相关业务部门在数据库建设过程中的责任，为数据治理提供基础管理层级和职责分工支撑。

② 建设完善基础库。加快整合各区已建的基础库，形成完善统一的人口、法人、房屋、地理信息、公共信用和电子证照等基础库，汇聚自然人、法人、房屋等基本信息和状态，以及公共图层、遥感图等共享数据资源。基础库由数据中心统一镜像给各区使用。

③ 加快中心库建设。汇聚和关联各部门政务数据和社会数据，按照自然人、法人、车辆等相关对象组织归类，形成包含各主体对象全生命周期相关的事件、行为、轨迹等详细共享信息，

并实现动态更新,支撑政务服务、市场监管、社会治理等领域的应用需求。中心库由数据中心统一镜像给各区使用。

④ 开展各类主题库建设。围绕经济社会发展特定领域,加快建设业务驱动的公共服务、城市治理和公共安全类主题库建设,重点推进政务服务、健康保障、社会保障、交通运输等主题数据汇聚。主题库由相关部门充分利用数据中心资源,根据自身业务需求或工作中的问题,开展建设维护,并提供数据标准和共享访问接口给政府其他部门使用。

⑤ 推动部门数据库建设完善。支持和推动各业务部门按照部门对象整理汇聚各业务系统在履职过程中产生的各类管理对象相关的基本信息和状态信息,形成部门业务库和部门主题库,为基础库、中心库和主题库提供权威、精准和鲜活的数据资源。

⑥ 打造块数据库。以社会管理要素统一地址编码库为基准,汇聚在一个物理空间或者行政区域形成的涉及人、事、物等各类主体对象的基本状态信息,以及事件、行为、轨迹等详细信息的全量数据,支撑城市管理和公共服务的精准化和精细化。块数据库在城市统一标准下,由各区分别建设,市和其他区按需共享调用。

3.2.2　组建数字治理实体机构

当前,我国智慧城市建设多采用政府和社会资本合作、设计—采购—施工总承包(Engineering-Procurement-Construction,EPC)、项目管理承包(Project Management Contract,PMC)等模式,但都存在一定的缺点:政府财政投入占比偏高,对基础设施的投资份额巨大,缺少持续稳定的运营保障,对智慧城市的建设成果利用率偏低,公共数据资源开放不足,智慧城市中的智慧产业升级动能不足。

为了解决现存智慧城市建设过程中存在的诸多不足,充分发挥社会企业的力量,释放数据红利,形成创新体系的数字治理建设模式,可采用政府 + 大数据公司 + 新型智慧城市可持续发展运营联盟"一体两翼"的运营模式。

政府部门主要负责市级部门的项目审核,对大数据公司进行业务指导和项目管理,并对联盟中的企业准入制定规范;大数据公司围绕"城市数字化、数字产业化、产业数字化"的发展方向,以大数据基础设施建设、政务数据资产创新应用、信息化项目开发运营、数字产业投资发展、数字经济生态打造为重点发展方向,对城市的建设、管理、民生服务,以及传统产业进行数字化改造,选取在数字城市运营管理、城市综合能源管理、人工智能、软件开发、科技与产城融合等领域综合实力强劲的公司，组建新型智慧城市可持续发展运营联盟，该联盟将以城市运营顶层设计为统筹，充分发挥联盟各方优势，运用成立合资公司、项目合作、资源合作、技术合作等多种形式，将新型智慧城市建设的经验成果推广至全国。新型智慧城市可持续发展运营联盟由一家牵头企业统一进行日常运营管理，会组织高峰论坛等活动，并带领各成员企业参与数字治理重点工程建设。

（1）政府的主要职责

政府主要建立标准体系，负责项目的立项审批、资金管理和绩效评价；指导经济社会各领域的数据开发利用工作，推动数据资源在城市治理和公共服务领域的应用。政府负责新型智慧城市可持续发展运营联盟企业的准入；对建设方案进行审核；对项目建议书、可行性研究报告进行审批，进行项目验收环节的管控，建立绩效考核体系，并开展建设绩效考核等。

（2）大数据公司的主要职责

大数据公司以大数据产业投融资和数据运营为核心，是数字政府建设的主力军、数字城市建设的引领者、数字经济发展的生力军。大数据公司从技术层面对建设方案进行审核，协助政府对联盟中的企业开展建设绩效考核。

大数据公司围绕数据开展工作，编制政府数据目录、制定数据共享责任清单；制定数据交易、数据交换规则，开发并运营政务服务 App、政务数据服务开放平台等。大数据公司以数据要素市场培育并促进数据红利释放为核心，促进大数据产业生态的构建与发展。

（3）新型智慧城市可持续发展运营联盟的主要职责

该联盟主要按照新型智慧城市顶层设计和总体规划，承接重点工程，开展项目建设；接受政府对建设方案的审核；接受政府的建设绩效考核等。

（4）牵头企业的主要职责

牵头企业的主要职责有牵头组织协调联盟内的企业，参与新型智慧城市建设运营，定期牵头组织国内外高峰论坛等活动，扩大联盟影响力。

3.2.3 运行机制体制保障

1. 体制机制保障

（1）强化组织领导

建立领导小组工作例会制度，定期研究解决新型智慧城市建设推进过程中的难点。同时针对建设过程中涉及跨部门的重大项目，成立重大项目推进领导小组，明确领导小组组长、办公室与成员单位，确保项目顺利推进。

（2）推进多级联动

强化省（自治区、直辖市）、市、区多级智慧城市建设联动机制，加强跨区域、跨部门、跨层级的组织联动。加强对多层级、多部门联合承担智慧应用项目的统筹规划、建设实施、政策指导和重大问题协调，形成市级层面推进新型智慧城市建设的合力。

2. 资金投入保障

（1）优化财政信息化资金投入结构

针对现阶段财政资金有限的现状，领导小组负责严格把关、收拢各部门用于信息化基础设施建设、运维的资金；同时鼓励各部门根据自身业务发展的需要，开展业务信息化系统建设，提升部门管理与服务效能。

（2）充分保障资金的投入

新型智慧城市建设是一个长期的建设过程，需要保证市、区级每年的财政预算，重点投入在新型智慧城市基础设施、公共平台、试点示范项目、标准规范应用、系统运维与推广、产业培育等领域。

（3）创新资金扶持方式

新型智慧城市建设坚持"政府引导、企业主体、金融支持、各方参与"的原则，建立规范的多元化投融资机制，各部门要积极拓宽社会融资及投资渠道，采取多种项目建设方式，通过特许经营、购买服务等形式，鼓励各类投资主体和社会资本投入新型智慧城市建设，打造开放共赢的建设投融资模式。

3. 信息安全保障

（1）完善统一信息安全管理机制

积极落实《中华人民共和国网络安全法》《中华人民共和国数据安全法》《中华人民共和国个人信息保护法》等基本法律，结合各地工作实际情况，制定新型智慧城市建设安全保障相关政策制度和管理规范，构建各部门共同参与的新型智慧城市安全管理运行机制，加强工作协调联动，有序推进新型智慧城市的安全保障工作。

（2）强化日常安全监管和应急处置

加强网络与信息安全专业骨干队伍和应急技术支撑队伍的建设，提高风险隐患发现、监测预警和突发事件处置能力。建立智慧城市信息系统安全监测与预警平台，重点保护核心部位和应用边界。积极落实信息安全等级保护制度，开展相应等级的安全审查、安全等级测评、风险评估和管理，做好信息系统定级备案、整改和监督检查强化网络与信息安全应急处置工作，完善网络与信息安全应急预案，制定或完善各重要信息系统的应急预案，开展网络与信息安全应急演练。

4. 制定标准规范

一是完善数据管理机制。加强信息共享和业务协同的标准建设，明确数据采集、传输、融合、使用等方面的权责关系，构建新型智慧城市建设新秩序。加强数据整合共享、城市大数据发展与应用、数据安全和隐私保护方面的制度建设。

二是优化项目管理机制。优化项目管理流程，建立项目审查规则，加强项目的前期审批、进度管理和竣工验收工作，定期检查建设规划、方案、年度计划落实及项目建成应用情况，对项目建设的进度、质量、效果等进行评估考核，提高项目整体建设成效。

三是跟踪项目全过程质量。引进第三方机构进行工程咨询、设计、监理、验收测试和成效评价等，打造综合评估、规划制定、规划执行、绩效考评的全周期管控体系。

5. 重视人才支撑

（1）常态化人才培养制度

充分利用本地教育资源，面向政府部门、企事业单位举办大数据、区块链、人工智能、量子计算等紧缺技术和智慧城市各应用领域工程项目管理培训、讲座、技术研讨会等活动，助力教育产业向"产、学、研、销"方向转变，强化政企从业人员的知识学习，提升其信息化决策和管理能力，为智慧城市建设发展提供强有力的人力资源保障。定期组织开展技术研讨会，举办创新创业大赛，为新型智慧城市建设所需人才提供成长空间。

（2）营造人才成长氛围

充分发挥政府对人才成长的扶持和引导作用，通过深化人才体制机制改革，创新完善人才激励政策，加强"一站式、全流程、专业化"人才服务体系建设，大力营造有利于新型智慧城市建设人才成长的社会环境和文化氛围。

6. 加强宣传推广

积极利用微信、微博等新媒体开展全面宣传推广，提高新型智慧城市的知名度。

（1）定期举办项目推介会

在项目启动、竣工或取得阶段性成果时，通过举办推介会等多种活动形式，可及时宣传推广新型智慧城市建设应用成效，吸引企业和广大群众积极使用和参与共建新型智慧城市。

（2）积极引导互动共建

吸引企业和群众积极使用和参与共建新型智慧城市的创新应用系统，充分重视信息公开和民意收集，为市民、企业和社会组织答疑解惑，根据市民意见和建议及时改进特色应用项目。

3.3 基于多元数据打造"可信账户"

3.3.1 "可信码"：一网共治的数据要素价值基础

1. "个人可信码"

个人城市码体系是个人数字身份码和第三方应用数字身份码相结合的产物，使群众可通过可信账户统一二维码入口出示个人数字身份码及其他平台数字身份码，并面向各单位开放，实现政务办事、亮码通行等场景。

个人数字身份码是面向群众和全服务场景打造的统一身份系统。利用数字身份码，在群众授权的前提下，建立向政府部门及服务方开放群众身份数据的统一用码标准，个人数字身份码包含姓名、身份证号码、手机号码等基础信息。

个人数字身份码可通过对接其他第三方平台，集成第三方应用的数字身份码，使群众可以通过可信账户统一二维码入口出示其他平台数字身份码。

2. "企业可信码"

企业城市码体系是企业数字身份码和第三方应用数字身份码相结合的产物，围绕企业信息、财务指标、税务指标等维度来描绘企业画像，具体如下。

① 企业信息。基于企业工商登记及互联网数据，初步掌握企业轮廓，例如企业工商信息、企业股东信息、企业投资情况、主要经营人员、研发产品信息等。

② 财务指标。基于企业财务报表，例如资产负债表、利润表、现金流量表等数据，结合财

务分析指标，例如现金流动负债比率、流动比率、资产负载率、产权比率等，从企业经营层面了解企业经营、管理、效益水平。

③ 税务指标。基于企业税务数据，例如增值税纳税申报表、企业所得税申报表、增值税发票底账信息库等数据，结合税务分析指标，例如专票抵扣占比、电费与收费比率、增值税税率等，深入剖析企业真实的经营、管理、效益情况，为政府进行宏观经济决策提供依据。

3.3.2　"网格码"：多元数据集聚编辑与应用

"网格码"是多元数据集聚编辑与应用的基础服务能力，也是生产数据与重构数据的重要工具与算法，以此为核心技术构建的"城市智脑"是城市数字经济发展的基础设施与重要载体。"城市智脑"集城市的大数据运营中心、智力汇聚中心、城市创新应用中心、城市创新创业中心、城市智慧服务中心等于一体，推进了城市传统产业升级、城市治理能力提升、城市公共服务水平的提高。

"网格码"基于城市综合治理网格化管理与基层多元数据融通的要求，意味着数字化和场景应用的需求已经进入三维层面，可以提供更详细的感知位置表达。目前，随着北斗卫星导航系统及世界各大卫星导航系统的建设发展，高精度时空信息服务已经渗透并赋能各行各业和社会民生，成为万物互联、共享的时空基础。北斗"网格码"技术通过遥感、GIS、导航、计算机网络 4 套通用"网格码"，可以对太空、空域、地下、城市建筑和设施进行分析，由此形成与物理世界、数字世界网格空间的一一对应、交互映射的数据图系统，进而实现地球网格空间全要素数字化和虚拟化、全状态实时化和可视化、管理决策协同化和智能化，形成物理维度上的实体世界和信息维度的虚拟世界同生共存、虚拟交融的一种格局，逐步发展为智慧城市、数字孪生城市、社会治理的重要技术底座。

"网格码"在对智慧城市现有系统不推倒、不重来、保护现有数据库独立性的基础上，充分利用数据中的空间位置属性，在综治网格信息中增加北斗"网格码"字段作为 ID，对各种数据进行统一标识，并以其为纽带构建对象内在的时空关联关系，建立编码动态索引，实现大数据统一组织与高效查询。同时，利用"网格码"一维、整型、二进制的特点，实现时空大数据的计算、传输、分发、服务等应用的高效编码化操作。"网格码"可以实现以下功能。

（1）多元数据统一标识

空间位置统一标识如图 3-1 所示。

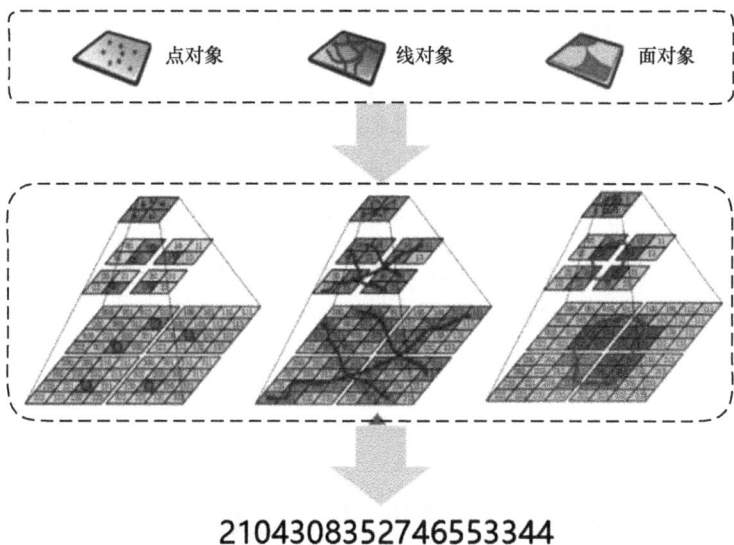

图3-1 空间位置统一标识

（2）多元数据组织集聚

数据组织与关联如图 3-2 所示。

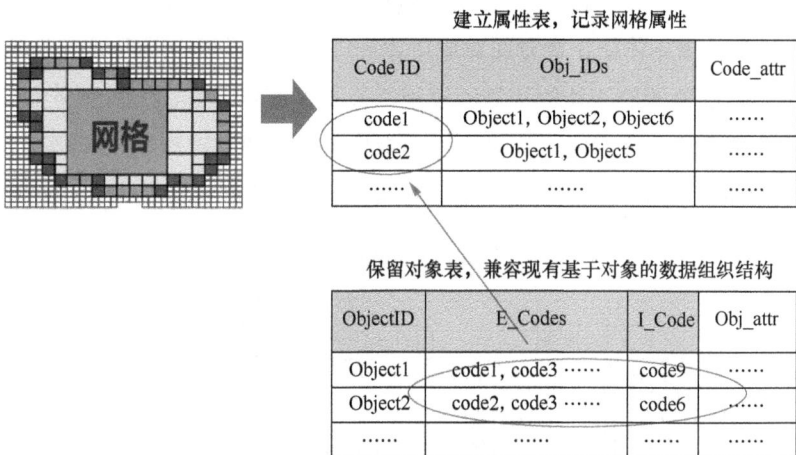

建立属性表，记录网格属性

Code ID	Obj_IDs	Code_attr
code1	Object1, Object2, Object6	……
code2	Object1, Object5	……
……	……	……

保留对象表，兼容现有基于对象的数据组织结构

ObjectID	E_Codes	I_Code	Obj_attr
Object1	code1, code3 ……	code9	……
Object2	code2, code3 ……	code6	……
……	……	……	……

图3-2 数据组织与关联

（3）网格高精度位置信息

服务区域被划分成多个网格，计算每个网格的位置修正数并向外广播。通过北斗卫星导航系统获得各网格的经纬度位置后，自动生成相应的北斗"网格码"，自动匹配并提取当前位置的

修正数，从而实时获得精确的位置信息。

（4）多元数据编辑应用

以无路网路径规划为例，通过天基、空基和地基等多种遥感和测绘手段，获取道路、地形、高程、坡度、植被、河流、草地、耕地及气象水文等数据，形成目标区域的多图层地理信息库。在各图层地理信息库生成的同时，按 GeoSOT 规则将数据剖分成合适大小的网格，并赋予每个网格北斗"网格码"，对现有的地理信息库也增加北斗"网格码"。根据多图层数据，量化每个空间网格对规划对象的可通过性，将可通过的网格标为 1，将不可通过的网格标为 0，利用北斗"网格码"的高效计算特性，快速得出该对象在目标区域可以通过的网格，进而规划出合理的路线。

3.4　城市运行监测指标体系与城市治理重心指数

3.4.1　城市运行监测指标体系

结合各地智慧城市建设成果及现状需求，以相关部门提供的数据为基础，从经济运行体征、城市保障体征、公共服务体征 3 个方面对城市体征进行宏观描述，展现城市运行的实时状态。有了对城市运行的宏观掌控，具体从基础设施、公共管理和服务、信息服务产业发展、人文科学素养、群众主观感知等方面进行更深入的指标分析，通过对相关指标历史和实时状态的分析，了解相关指标的因果关系及发展趋势。城市运行监测指标体系的功能结构如图 3-3 所示。

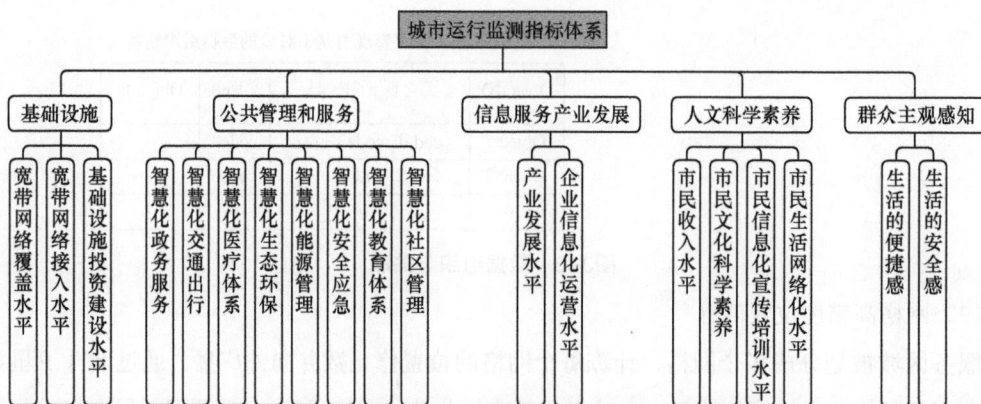

图3-3　城市运行监测指标体系的功能结构

3.4.2 城市治理重心指数

城市治理工作的复杂性、动态性决定了我们必须善于把握规律，做到有的放矢，方能有针对性地开展工作。城市治理工作大多存在这样一个规律：当一个城市治理问题被"忽视"而形成"气候"的时候，在进行整治时其工作难度和成本将大幅增加，而这个形成"气候"的问题往往会成为政府需要解决的重点问题。因此，我们引入了城市治理工作重心的概念。

城市治理重心是指影响城市正常秩序、正常发展和群众正常生活的，需要政府加强管理的问题，即城市治理的乱点、难点。

1. 城市治理重心指数的产生

假设区域 g 面积为 S 平方米，典型事件数量为 Q 件，令 $I=Q/S$，I 代表单位面积区域上发生的城市治理事件数，I_g 即该区域的城市治理重心指数。城市治理重心指数越大，表示城市治理问题越多、越严重，城市治理重心指数可以为城市管理者优化政策和配置治理资源提供重要的数据依据。

2. 指标选取

由于不同区域的经济水平、常住人口数、教育水平、基础设施等因素各异，城市环境和城市治理标准也存在差异。为了符合科学发展原则，更加有利于分级分类管理要求，进一步深化精细化管理方式，作为城市治理重心的研判依据，城市治理重心指数也应进行差异化选取。

基于已有的理论研究和过往的实践经验，可以从以下 3 个方面着手：一是选取具有特殊代表性的区域，计算城市治理重心指数；二是取全年的城市管理事件总数与区域面积之比，得到一个城市治理重心指数，作为综合比较的重要依据；三是按城市治理事件分类，计算不同城市治理问题的事件数与区域面积之比，得到一系列城市治理重心指数，用来判断各类城市治理问题在区域的重心及重点管理范围。事件数据分类指标层次见表 3-1。

表3-1　事件数据分类指标层次

指标分类	指标编号	指标名称
构件类	1	实有人口
	2	市场主体
	3	公共设施
	4	道路交通

指标分类	指标编号	指标名称
构件类	5	市容环境
	6	房屋土地
事件类	1	突发事件
	2	防汛救灾
	3	生态环保
	4	民情民意
	5	公共秩序
	6	施工管理

3. 城市治理重心的锚定

掌握城市治理重心，便于相关部门掌握主动权，及时调整管理方向，合理调配资源，集中力量逐个击破城市管理难题，不断改善城市整体环境状况，提高市民满意度。要想确定城市管理重心，一是要确定城市治理重点，二是要确定城市治理重心波及区域。

（1）城市治理重点的判定

要判定城市治理重点可以分两步走：一是筛选事件多发的兴趣点，二是判断兴趣点是不是治理重点。在信息化的推广过程中，在问题上报阶段，城市事件、部件管理引入了兴趣点作为问题描述的参照物，确保问题描述得更准确，便于查找上报的问题。这些兴趣点主要选取相对永久的单位、商业机构、医院、学校，以及标志明显、易于查找的部分门牌号作为参照物。依托目前的城市治理信息系统，将这些兴趣点周边发生的事件数量进行简单排序，可以筛选出事件多发的兴趣点。

确定相对重要的兴趣点后，可以进一步判断兴趣点是否为城市治理重点。将已得出的事件多发的兴趣点作为研究对象，取兴趣点周边的事件数和事件发生范围面积之比，计算出兴趣点周边单位面积内发生的事件数，即 I 值，再与重心指数进行比对，判断该兴趣点是否为城市治理重点。在实际工作中，城市治理重点的确定还应综合考虑当前的工作重点和政策倾向等因素，使城市治理工作更具针对性和现实意义。

（2）城市治理重心波及区域的划定

在确定某个兴趣点是管理重点以后，还要知道该问题在多大范围内比较严重，即掌握问题的影响区域，以便配置相应的管理力量，制定有效的治理措施，使问题得到迅速解决。经理论测算，在自重心核心区往外扩散的过程中，I 值是逐渐递减的，即城市治理问题影响力随着重心区域面积的扩大而逐渐减弱。城市治理重心波及区域的划定如图 3-4 所示。

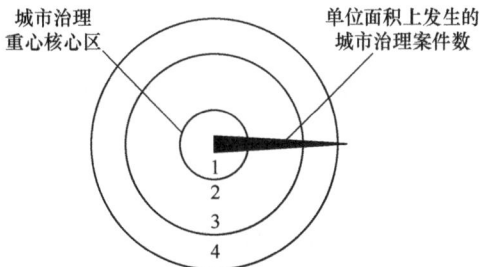

城市治理
重心核心区

单位面积上发生的
城市治理案件数

图3-4 城市治理重心波及区域的划定

4. 城市治理重心指数的应用价值

（1）确定城市治理重心，提升城市治理预警预测及防范能力

城市治理突发事件（例如路面塌陷等）的发生是常态下管理问题积累的结果，是常态管理问题的极端表现。城市治理要改变突击整治和事后处置的被动应对管理方式，切实提高城市治理水平和效率，就必须不断推动管理前移，切实加强源头管理。城市须加强重心指数研究，确定城市治理重心，进一步丰富完善城市运行监测体系，强化城市治理问题的预警预测分析能力，提高城市防范能力，切实提高城市运行水平，创造更加有序的城市运行环境，为全面提升城市运行效率和服务保障能力提供强大的动力。

（2）及时掌握城市治理重点，解决城市治理问题

随着城市的发展，城市治理不断出现新的问题，这些问题极易演变为城市治理顽疾，成为限制城市发展的瓶颈。城市治理重心指数的应用能够准确、有效、迅速地获取辖区内城市治理的重点，不仅可以通过重点关注等方式将管理重点上报，还可以结合 GIS 热点地图直观展示给城市管理者，进一步强化城市管理者决策辅助系统的功能，为城市管理者及时、全面掌握辖区内城市治理的热点、乱点、难点问题提供动态的明细数据，是强化源头管理、进一步实现精细化目标、推动和完善长效机制的有效途径。

（3）为相关部门认真履职提供数据决策支撑服务

城市治理重心指数的应用，可助力相关部门获取常态与非常态时期、整体与局部情况下的城

市治理重点。通过阶段性、定期向相关部门发布工作提示的方式,可为相关部门认真履职提供服务。相关部门获得主要城市治理重点后,可以根据自身的职能职责,结合履职评价各项要求,或加强巡查力度防止问题的产生和扩大,或建立台账逐个消除已经形成的城市治理乱点,不断提升公共服务能力。

3.5 "治理构件"与"治理事件"助力自治能力提升

城市运行监测指标体系与城市治理重心指数关注的核心是"治理构件"与"治理事件",二者的有效治理及智能决策均可助力政府部门自治能力的提升。

(1)"治理构件"的有效治理助力自治能力提升

围绕"治理能力不断提升与系统持续成长过程匹配",实现由城市管理体系向城市治理体系的过渡,其中数据治理体系是其支点和关键。对现有各项数据进行重新组合形成城市治理所需要的"构件",例如,视频、终端、城市部件、宏观经济等跨层级、跨地域、跨系统、跨部门和跨业务的数据在新治理体系内重新进行组合分析与价值挖掘。当前实践中的"治理构件"包括实有人口、市场主体、公共设施、道路交通、市容环境、房屋土地等。

例如,实有人口类"治理构件"的治理可以根据"个人可信码"向不同权限的使用者提供城市实有人口的全生命周期数据,涵盖人口基本信息、户籍信息、文化教育、社会保险、住房公积金等,支持姓名、身份证号码、住地等关键字模糊检索,支持简要查询及明细查询。同时可以运用大数据技术分析关注点、公开地图(Open Street Map,OSM)、微博、手机信令、互联网行为记录等数据,对人口进行画像分析,例如,流动人口和常住人口识别,低收入人群识别,早出者、晚归者、长通勤识别,情绪曲线,特定事件时间节点前后舆情变化,涉案人员识别,高端人才挖掘等。

(2)"治理事件"的有效治理助力自治能力提升

"治理事件"的涵盖范围较广,包括突发事件、防汛救灾、生态环保、民情民意、公共秩序、施工管理等。而广泛、主动纳入多样化民意诉求,提供多样化公共服务,有效处置多样化城市事件,是城市治理不确定性增加的必然要求,也是提高人民幸福感、获得感、满足感,实现城市治理现代化的必然要求。

第四章

构建城市运行动态监测体系，感知城市生命力

4.1 丰富城市数据资源池

当前，国家治理体系下多元主体合作型的城市治理成效服务于政府、群众、社区组织、社会组织和企业等多元主体，城市治理的经验和数据等需要多方共享，城市治理过程中需要多元主体协同治理与融合。建设新一代"城市大脑"，以数字治理推动多元主体、多方共享、协同融合的城市治理，是提升城市治理水平必经的阶段。

围绕城市智能化与精细化治理，依托智慧城市已有的建设成果，充分利用物联网、人工智能、大数据、云计算等技术对城市运行数据实时采集、处理和应用，能够实现对城市运行态势感知和各类风险的预警、分析、决策辅助和调度支撑，支撑"城市经济运行、基本公共服务、城市精细化管理"三位一体的城市治理能力提升。

4.1.1 以政务数据为基础，完善城市运行基础数据

建设智慧城市，数据资源池的丰富性非常重要，要实现多源异构的城市大数据的接入、入库归档、查询检索和组织管理等功能，提供对物联感知数据、城市运行管理数据、突发事件数据、舆情民意数据等城市数据的引接与汇聚能力，"四线"的数据来源可以是权威（占比70%）、半权威（占比20%）、民意（占比10%）3类，最终汇聚形成数据资源池，为大数据组织分析和决策支持专题分析提供稳定的数据源。

（1）物联感知数据获取

物联感知数据必须由权威机构提供。物联感知数据包含城市治安、交通、环境、供水、供电、供暖、供气、通信等方面的数据，此类数据可以对城市运行的基本情况进行持续的动态监测，反映城市环境情况、交通运行情况、能源供应与消耗等及通信服务状态、气象环境状态等，因此，数据一定要真实可信，才能实现对城市基础环境运行情况的实时监测与有价值的综合分析。

（2）城市运行管理数据获取

城市运行管理数据主要由政府相关部门提供，政府可以通过商业手段或与相关平台进行合作的方式，充分整合社会服务资源，快速获取城市经济运行、产业发展、生态保护、交通治理、旅游发展、安全生产、医疗、教育、食品、水、电等领域的相关数据。

（3）突发事件数据获取

突发事件数据来源一是来自政府的相关部门，二是基于新闻突发事件，例如，交通事故、地质气象灾害等，三是由群众上报。未来可以考虑基于 12345 热线信息录入突发事件的数据，保证日常管理状态下的事前管理、风险识别、决策分析、善后工作等。

（4）舆情民意数据获取

舆情民意数据获取，以"便民、利民、惠民"为宗旨，按纵向遵从、横向兼容原则，充分整合社会服务资源。一是通过商业手段购买社会数据，二是录入权威媒体舆情数据，三是群众上报征集，例如，通过 App 平台反馈数据等。

4.1.2　以时空为特征，构建城市空间数据

为支撑智慧城市建设，贯彻"城市经济运行、基本公共服务、城市精细化管理"三位一体的城市治理精神，实现"一网整合数据、一屏可观全局、一体应急联动"的建设目的，时空数据管理平台的建设必不可少。时空数据管理平台以时空为特征，构建城市空间数据，提供基础空间数据入库管理、时空数据及地图发布服务、多源时空数据存储管理、动态时空数据实时计算、时空数据挖掘分析服务等功能，为建设智慧城市提供平台支撑。

时空数据具有动态变化（数据写入频繁）、时空多维、规模巨大、价值随时间推移而衰减、空间搜索和时序查询相结合等特征。在城市数据智能应用的过程中，存储管理、价值挖掘和应用服务的核心是构建高性能的时空数据模型，以应对超大规模时空数据在查询、计算、分析、挖掘等环节存在的异构融合、高性能计算、实时响应、高并发支持等巨大的挑战。

城市时空数据组织建模基于统一的时空基准对城市运行管理的相关时空数据进行统一的汇聚、存储、管理、计算、挖掘、发布和可视化呈现。时空数据管理平台是构建智慧城市的时空底座，主要用于同步模拟城市的多维运行态势，仿真推演城市治理各领域问题的分析研判的过程和结果。

时空数据管理平台主要提供基础空间数据入库管理、多源时空数据汇聚集成、多元时空数据存储管理、动态时空数据实时计算、时空数据及地图发布服务、高性能时空查询计算服务、时空数据实时渲染服务等功能；主要用于管理海量的"时空点元""时空片元""时空轨迹""时空网格""栅格图元"等多元时空数据，基于高效的时空索引、时空网格模型、空间拓扑分析算法，为用户提供海量异构时空数据的转换集成、实时处理、存储管理、快速查询、弹性计算、建模分析等在线服务和扩展开发支持，可应用于物联网、车联网、城市运营、智能交通、气象

分析、环保监测等平台或领域。为支撑智慧城市建设，时空数据管理平台需要具备以下基本功能。

1. 基础空间数据入库管理

时空数据管理平台应支持地形数字高程模型（Digital Elevation Model，DEM）、数字正射影像图（Digital Orthophoto Map，DOM）、矢量电子地图、地名地址数据、倾斜摄影测量、人工三维模型数据、建筑信息模型（Building Information Model，BIM）数据、室内三维模型数据、360°全景数据等转换入库，便于采用规范、统一的数据标准对基础空间数据进行管理和使用。

2. 时空数据及地图发布服务

时空数据管理平台应支持以开放式地理信息系统协会（Open GIS Consortium，OGC）标准和二进制压缩加密方式进行时空数据的网络发布，支持网络要素服务、网络覆盖服务、三维空间数据服务、网络地图服务、网络地图瓦片服务，通过时空数据 Web 端二维 / 三维地图渲染服务支持多元时空数据的城市一张图发布服务。

3. 多源时空数据存储管理

时空数据管理平台基于 Hubble 时空大数据引擎构建，应支持物联网、卫星定位，以及运动轨迹数据实时动态接入和时序、时空查询检索；支持时空数据的分布式存储，并采用 Geohash 编码建立时空索引，便于进行二维 / 三维时空数据的高性能查询分析；支持采用"数据源、数据集、空间要素"模式定义空间数据，并按照多级数据目录方式进行管理，按照数据的数据来源、数据类型、处理及更新时间、单位部门业务规则对数据进行目录组织、业务标签定义，便于管理员进行数据的浏览和管理，支持通过关键字快速检索的方式定位对应的数据源和数据集，支持在线浏览多源时空数据。

4. 动态时空数据实时计算

时空数据管理平台基于实时计算引擎构建，应支持海量时空数据实时计算，支持超大空间尺度和超大数据量的"双超"时空数据栅格计算，实时提取空间流、空间场空间特征、变化规律和关联关系，实时进行时空异常数据及行为监测、时空对象相关性判别，并通过订阅服务及时将判别结果和异常信息推送至应用端，应用场景包括车辆偏航监测、定位纠偏、电子围栏告警、人群流向实时分析、人群聚集预警分析、渔船违法捕捞实时预警等。

5. 时空数据挖掘分析服务

时空数据管理平台以表述性状态传递方式提供高效的时空数据挖掘分析服务接口，主要进行时空计算及数据挖掘分析，包括网格计算、密度计算、热点计算、等值计算、空间插值/抽稀、流量计算、OD分析、栅格计算、电子围栏等。

（1）网格计算

网格计算功能支持批量空间对象（点、线、面）进行空间网格计算，基于标准空间网格（四边形或六边形）对空间对象属性进行空间分布离散化汇总统计，支持对多个属性字段进行多种统计计算（例如，最大值、总和、均值、方差等）。网格计算功能可用于统计大范围城市人口、基础设施、物资、事件的空间离散化分布情况。

（2）密度计算

密度计算功能支持对批量空间对象（点、线、面）进行离散化时空统计，可用于支撑人口、车辆等点状目标，道路、河流等线状目标，地块、湖泊等面状目标在一定时空范围内的密度分布，可用于量化特定空间实体的聚集程度。密度计算可视化效果如图4-1所示。

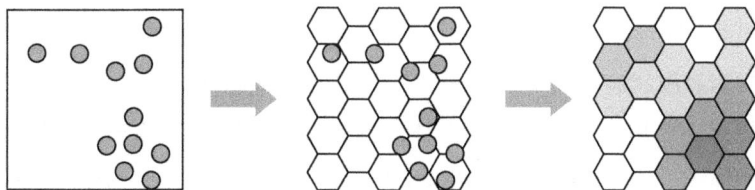

图4-1 密度计算可视化效果

（3）热点计算

热点计算功能支持对批量空间对象（点、线、面）进行离散化时空统计，识别具有统计显著性的高值（热点）和低值（冷点）的空间区域，可用于通过人员、车辆、船只轨迹提取空间区域范围内的热点区域（统计高值聚集区）。

（4）等值计算

时空数据管理平台支持对空间对象（点、网格）进行等值计算和空间插值，生成等值线、等值面，用于支撑空气污染分布、降雨量分布。

（5）空间插值/抽稀

时空数据管理平台支持对空间对象（线、面、栅格）进行空间插值/抽稀，用于提升/降低空间对象的精度。

（6）流量计算

时空数据管理平台支持沿空间拓扑结构的线数据（道路、航线）对位置、轨迹进行关联分析，常用于道路交通流量计算、航线流量分析等。

（7）OD 计算

时空数据管理平台支持基于时空轨迹进行时空统计分析，快速计算输出空间节点流入量/流出量，输出 OD 计算结果，主要用于支撑城市人口迁徙、城市区域通勤分析。

（8）栅格计算

时空数据管理平台支持对空间栅格数据进行算术运算、关系运算、布尔运算和逻辑运算，输出栅格计算结果，主要用于支持空间环境分析、洪水风险分析等。

（9）电子围栏

电子围栏适用于管控某个区域内的目标，当管控目标触发设置的某个规则时，该目标显示为告警状态。电子围栏基于实时数据应用，可为决策者提供参考依据。

时空数据管理平台提供便捷易用的图形化电子围栏绘制方式，包括圆形、标点画圆、画线及多边形，用户可通过任意一种方式快速完成电子围栏图形的绘制，同一个电子围栏支持使用不同的方式绘制多个图形。完成电子围栏图形的绘制后，用户可为每个围栏配置告警规则，若当前该电子围栏为启用状态，则管控目标一旦触发围栏配置的规则，系统就会产生告警记录，用户可在地图场景中启用告警样式查看具体的告警目标，也可在第三方系统中调用告警信息API，进行下一步操作。告警规则条件设置如图 4-2 所示。告警记录查询如图 4-3 所示。

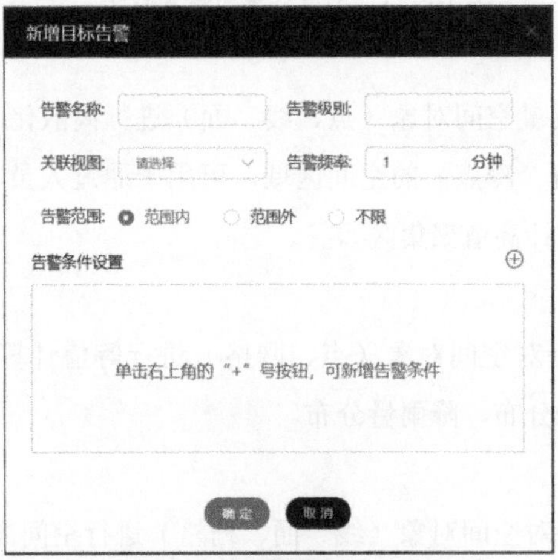

图4-2　告警规则条件设置

图4-3 告警记录查询

6. 多源时空数据汇聚集成

时空数据管理平台应提供以文件上传、实时推送、数据库连接、数据服务等数据接口进行数据接入、转换处理和归档入库；支持物联网数据、互联网数据、手机信令、卫星定位、遥感监测、视频识别、天气监测、环境监测数据、工厂监测等时空数据的写入、动态转换和汇聚集成；支持政府、企业调查、规划、预案相关业务中的空间数据以文件上传转换、数据库连接、服务API等方式进行汇聚集成。

7. 高性能时空查询计算服务

时空数据管理平台基于Hubble时空大数据引擎构建，应提供时空查询服务API和开发接口（支持Time GeoSpatial语法）进行空间范围查询（按点、线、多边形、圆形等范围进行查询）；对车辆（飞机、船只）轨迹、IoT监测曲线、手机信令网格等数据进行时空查询（一定时间段内特定空间范围轨迹、空间散点、时序曲线），在查询中可以对时序数据进行抽稀，生成低精度曲线；支持海量时空数据离线计算，通过大规模分布式计算，实现热点提取、等值线提取、空间插值、空间抽稀、聚合计算、密度计算、OD计算等算法，满足基于历史数据的时空流、时空场计算需求；支持时空网格快速构建，通过并行计算快速将感知数据转换为空间网格，满足时空信息二维/三维热力、网格可视化数据需求。

8. 数字孪生城市生成器

数字孪生城市生成器主要用于支持二维平面地图和三维城市场景的在线可视化制作。基于地形、道路、建筑、植被、山脉、水系等空间要素，结合遥感影像、倾斜摄影测量、人工三维模型数据、BIM 数据等，通过预置符号库、风格库、建筑模型库、二维地图模板、三维场景模板，实现数字孪生城市可视化底座一键式智能生成。支持城市的二维地图模式、三维实景模式、三维虚幻模式、不同时间模式（清晨、黄昏、深夜）、不同天气模式（晴天、多云、雨天、雾霾、雪天）的城市场景渲染，同时支持不同细节精度和光影效果的城市地物模拟表达，以实现城市体征的多元化精准表达。

4.1.3　以万物互联为特征，补充城市感知数据

在智慧城市建设的过程中，应该将物联网、云计算等技术作为重点，通过使用移动通信设备项目方案，满足智慧城市的建设及发展需求，实现移动通信的智慧化，并满足智慧城市中的网络信息传输需求，实现智慧城市的有效建设。

1. 大数据、物联网与智慧城市建设之间的关系

大数据、物联网、智慧城市建设三者之间的关系是，物联网技术的快速发展促进了大数据的技术应用，为其提供更为丰富的数据信息来源。物联网技术作为互联网应用的拓展，正处于大发展阶段。物联网是智慧城市的基础，但智慧城市的范畴比物联网更为广泛；智慧城市的衡量指标由大数据来体现，大数据促进智慧城市的发展；物联网是大数据产生的催化剂，随着云计算技术的不断创新发展，物联网为数据治理提供有力支撑，是智慧城市建设不可缺少的技术来源。

感知层是物联网的基础，是联系物理世界与信息世界的重要纽带。感知层是由大量具有感知、通信、识别（或执行）能力的智能物体与感知网络组成的。感知层的主要技术有传感器技术、窄带物联网（Narrow Band Internet of Things，NB-IoT）技术、射频识别（Radio Frequency Identification，RFID）技术、二维码技术、Zig Bee 技术等。

2. 物联网关键技术

（1）传感器技术

传感器是一种检测装置，能感受被测量的信息，并能将感受的信息按一定规律变换成电信号或其他所需形式的信息输出，以满足信息的传输、处理、存储、显示、记录和控制等要求。传感器是实现自动检测和自动控制的首要环节。人是通过视觉、嗅觉、听觉及触觉等来感知外

界信息的，感知的信息进入大脑并分析判断（即人的思维）和处理，再指挥人做出相应的动作，这是人类认识世界和改造世界具有的本能。但是通过人的五官来感知外界的信息是非常有限的，例如，人不能通过触觉感知过高的温度，而且也不可能辨别温度的微小变化，这就需要电子设备的帮助。利用计算机，特别是计算机控制的自动化装置来代替人的劳动，计算机类似于人的大脑，仅有"大脑"而没有感知外界信息的"五官"显然是不够的，这里的"五官"即传感器。

传感器技术是对感知节点的不同定义与探索。例如，一个温度传感器可以实时地传输它所测量的环境温度，这是基于温度利用汞的液态与温差变化而形成的；声控灯安装在楼道之间，有人路过灯就亮，这是基于人走路时声音的分贝大小来控制的；在人们开车经过高速路上的收费站时，地面的称重传感器会将车辆重量反馈给计算机，以便确认其是否超重，这是基于弹簧弹性收缩变化的张力长度进行测量的。

在智慧城市平台搭建的过程中，前端传感器是采集各项数据的前沿装置，目前，传感器在智慧城市的各个建设场景中具有不可代替的作用。

（2）NB-IoT 技术

NB-IoT 技术的特点是广覆盖、可重复传输，事实上，延长信号码元的重复传输是最简单的信道编码之一，尽管降低了信息的传输速率，但是在解调或译码上的可靠性方面得到了提高，特别是在低信噪比的接收环境下更加有效。例如，理想状态下译码出错率为 10%，增加重复次数，将使整体译码出错率大大降低。

NB-IoT 技术的特点之二是具备支撑海量连接的能力。NB-IoT 的一个扇区能够支持数万个连接，支持低时延敏感度、超低的设备成本、低设备功耗和优化的网络架构。

NB-IoT 技术的特点之三是具备更低的功耗，因为 NB-IoT 使用的是 AA 电池（5000mAh），使用寿命超过 10 年。在智慧城市建设中，NB-IoT 的运用极其广泛，例如，智慧社区、智慧路灯、智慧井盖等，只要涉及物联网前端传感器采集的解决方案，均可覆盖。

（3）RFID 技术

RFID 是将不同的跨学科的专业技术综合在一起的技术，例如，高频技术、微波与天线技术、电磁兼容技术、半导体技术、数据与密码学、制造技术和应用技术等。在结构上，RFID 是一种简单的无线系统，只有两个基本器件，该系统用于控制、监测和跟踪物体，由一个询问器和很多应答器组成，可做到快速扫描。RFID 识别器可同时识别读取数个 RFID 标签。很多创新场景都在使用该技术，例如电动车防盗系统、电动车头盔、电瓶安全监测等。

4.1.4 以动态监测为特征，引入社会数据

在智慧城市的建设过程中，数据资源池的建立尤为重要。伴随物联网、互联网、5G 等技术的日益成熟，城市社会指标的实施监测也越来越方便。对于社会数据，应重点关注经济、民生、安全、交通、精神文明建设等与群众密不可分的几个方面。城市的社会数据来源渠道也更加丰富多样，例如，网约车（道路围堵信息）、社区治理平台（智慧社区物业治理平台）、手机信令数据（电信运营商）、环境指标数据（城市多功能杆）、Wi-Fi 覆盖率等，这些数据来源为城市社会指标的监测提供了有力的支撑。

4.1.5 多源数据融合构建多领域主题库

1. 经济运行主题库

前瞻性地研判经济运行走势，仅仅依靠统计数据稍显滞后。市场日趋复杂和多元，采用大数据分析方法在一定程度上能够弥补缺陷，是提高经济运行研判效率、积极应对内外部挑战的必要工具。大数据中心将汇聚经济数据，在大数据应用于行业分析、景气判断、经济预测等经济运行状态研究方面进行探索。

经济运行主题库应涵盖社会、经济、政策、法规等经济社会发展的各个方面，从经济运行态势、经济发展状况、产业发展、民生经济、创新经济等多个维度汇聚数据，为经济运行状况进行多层次、全方位、个性化动态监测和分析等提供数据支撑，成为城市管理者实时掌握城市经济社会发展情况、发现潜在问题、获得经济运行决策支持的重要助手，从而实现城市经济运行态势的全面感知。

2. 公共服务主题库

公共服务主题库围绕社会民生、公共服务，收集整理人口流动、医疗机构运行、居民住房保障、群众投诉举报、健康养老服务、政务服务质量等方面的数据，通过指标分析形成量化数据结果，为数字治理公共服务应用提供数据支撑。

城市公共服务直接关系到城市居民生活的幸福和社会的安定和谐，城市供给水平和服务

质量是居民评价政府执政能力和管理水平的重要依据。随着社会经济的发展、城市化进程的不断推进，公民"主人翁"意识逐步加强，互联网和各类新媒体对社会各方面的渗透日益加深，居民对城市公共服务的质量和水平有了越来越高的要求，对城市公共服务的需求呈现多元化、多层次的趋势。传统供给模式已然表现出对精准供给的无力，"供给过剩""供给不足"和"供给错配"的问题亟待解决。公共服务主题库的建设不仅可以提供精准的城市公共服务，满足居民复杂多样的公共服务需求，还可以加强城市政府的服务意识，打造服务型政府、回应型政府。

公共服务主题库应涵盖政务服务侧、公共事业侧、社会服务侧、资源配备侧的内容，应依托前期的城市建设成果，形成强大的数据支撑，并通过数据采集和数据治理实现数据更新，做到实时有效。利用大数据分析实现公共服务运行可控、可管、自修复，最终能支撑科学的运营服务体系，使城市公共服务更加高效。

3. 城市保障主题库

城市保障主题库应进行城市基础设施、通信网络、交通出行、快递物流、生态环境、防汛减灾、安全生产、医疗卫生和重大事件等数据的采集、处理和融合加工，为城市保障应用提供依据。随着智慧医疗、智慧教育、智慧园区等的应用，城市保障型数据的来源渠道日渐广泛，基本涵盖人们的衣食住行。

4. 城市舆情主题库

城市突发事件社会舆情机制，既是抑制各类社会风险、维护整体社会稳定的重要方式，也是城市高效管理的未来方向。舆情应对应充分、及时响应，及时、正确引导。

城市舆情主题库可以推进群众投诉举报，网络各类舆情数据的采集、处理和融合加工工作，为了解网络舆情、把握舆情动向、进行舆情演变趋势跟踪分析提供数据依据。

5. 生态环境主题库

生态环境主题库建设涉及城市各类生态环境相关数据的采集、处理和融合加工，主要包括生态系统类型变化、突发环境事件、发展规划、工程建设、生态环境治理措施和各类生态环境质量表征数据等，为生态环境主题应用提供数据依据。

6. 安全生产主题库

安全生产主题库建设涉及城市各类安全生产相关数据的采集、处理和融合加工，主要包括危险化学品、烟花爆竹、非煤矿山、工贸等行业数据；安全生产行政许可、隐患治理、安全培训、事故信息、设备设施和监管执法等监管数据；安全隐患、重大危险源、安全生产事故、企业安全隐患数据等，为安全生产主题应用提供数据依据。

7. 直播城市主题库

直播城市主题库基于视频流数据的汇聚，提供城市视频信息的总览，例如，通过访问不同的子专题目录，在 GIS 地图上以视频专题点位图层的形式显示与该视频专题相关的摄像头位置图标，观看该摄像头实时拍摄的视频图像；通过切换不同位置的摄像头，浏览城市各个区域的实时视频图像，了解整座城市正在发生的事情，并通过关联其他相关专题已有数据指标项丰富各个专题信息。

直播城市主题库建设对城市各类实时动态视频进行采集汇聚、处理，对视频数据进行标签分类，例如，风景名胜、热点商圈、交通枢纽、重点道路、文化教育、生态环境、施工建设、产业科技、高位全景等，为直播城市主题应用提供数据依据。

8. 交通出行主题库

日益增长的交通"大数据"给交通管理创新带来了新挑战，对交通管理工作提出了新要求，交通信息化建设必然步入大数据所带来的智慧应用阶段，利用大数据破解城市交通瓶颈成为未来交通行业的必由之路。推进智慧交通建设是促进现代综合交通运输体系发展的有效途径，交通的基础性、前瞻性、服务性功能定位决定了智慧交通是智慧城市建设的重要组成部分。随着云计算、物联网、大数据、人工智能等技术的发展与应用，凭借大数据等先进技术解决日益紧迫的交通问题成为政府与社会各机构的研究热点。

交通出行主题库建设涉及城市各类交通相关数据的采集汇聚、处理和融合加工，包括交通历史流量、拥堵数据、高峰时段交通数据、各路段历史车流量、路况数据、交通事件数据、交通事故数据，以及城市公交车、地铁、出租车等相关的基础数据、运营数据等，为交通出行主题应用提供数据依据。交通出行主题库大数据可以对热点区域的交通设计、缓堵方案等实施精细化评价机制。节假日热点区域群众出行高度集中，交通需求短时剧增，导致交通运输压力猛增、拥堵频发、安全应急问题日益凸显。交通监测大数据可以开展热点区域交通运行特征分析，一方面能辅助管理人员制定有针对性的区域缓堵策略；另一方面为建立热点区域专项监测系统奠定基础，从而实现热点区域交通的精细化和品质化管理。

9. 市场监管主题库

加强和改善市场监管是新时期我国政府职能转变的重要方向，是国家治理体系和治理能力现代化的重要任务，是改善经济发展环境、推动地方经济繁荣发展的重要保障。我国政府不断推进市场监管体系建设，完善顶层设计，加大改革力度，创新工作机制和方式，持续营造宽松便捷的准入环境，着力优化公平有序的市场竞争环境，全力打造安全放心的消费环境。

市场监管主题库建设涉及城市各类市场监管相关数据的采集汇聚、处理和融合加工，包括企业竞争数据（涉嫌垄断协议案件、涉嫌滥用市场支配地位案件、药品等重点领域案件，不正当竞争案件，网络交易违法案件，广告违法案件等）、知识产权保护数据（商标违法案件案值、专利行政执法办案情况等）、消费维权数据（侵害消费者权益案件、价格违法案件、电商产品质量和消费品质量相关违法案件、消费者咨询投诉举报、食品和药品投诉举报、价格投诉举报、质量投诉举报等），为市场监管主题应用提供数据依据。

4.2 城市运行指标体系设计

4.2.1 总体设计

智慧城市运行指标体系主要是基于城市"智慧化"发展理念，统筹考虑城市信息化水平、综合竞争力、绿色低碳、人文科技等方面的因素综合而成，目的是较为准确地衡量和反映智慧城市建设的主要进度和发展水平，为进一步提升城市竞争力、促进经济社会转型发展提供参考。

相关指标的确定主要遵循以下原则：一是指标具有可采集性，历史和当前数据采集是可靠、方便和科学的；二是指标具有代表性，可以较为全面地反映某个方面的总体发展水平；三是指标具有可比性，不同城市间、城市不同历史阶段可以根据指标进行科学比较，智慧城市建设应围绕城市特点展开；四是指标具有可扩展性，可以根据实际发展情况对指标体系内容进行增减和修改。指标体系总体架构见表4-1。

表4-1 指标体系总体架构

一级指标	二级指标	三级指标
基础设施	宽带网络覆盖水平	家庭光纤可接入率
		无线网络覆盖率
		主要公共场所 WLAN 覆盖率
	宽带网络接入水平	户均网络接入水平
		平均无线网络接入带宽
	基础设施投资建设水平	基础网络设施投资占社会固定资产总投资比重
		传感网络建设水平（占社会固定资产总投资比重）
公共管理和服务	智慧化政务服务	行政审批项目网上办理比例
		政府公务行为全程电子监察率
		政府非涉密公文网上流转率
		企业和政府网络互动率
		群众与政府网络互动率
	智慧化交通出行	城市道路交通指数
		公共交通机动化出行分担率
		地铁（不同列次）实载率
		公交站牌电子化率
		停车引导系统覆盖率
		城市道路传感终端安装率
	智慧化医疗体系	新增城乡医保参保人数
		互联网医院线上问诊比例
		群众电子健康档案建档率
		电子病历使用率
		医院间资源和信息共享率
	智慧化生态环保	环境质量自动化监测比例
		重点污染源监控比例
		碳排放指标
	智慧化能源管理	家庭智能表具安装率
		企业智能化能源管理比例
		道路路灯智能化管理比例

一级指标	二级指标	三级指标
公共管理和服务	智慧化能源管理	新能源汽车比例
		建筑物数字化节能比例
	智慧化安全应急	火灾警情接警数量及成功扑救比例
		电梯救援求援数量及成功处置比例
		食品药品追溯系统覆盖率
		自然灾害预警发布率
		重大突发事件应急系统建设率
		城市网格化管理的覆盖率
		户籍人口及常住人口信息跟踪
	智慧化教育体系	城市人均教育支出水平（占GDP）
		家校信息化互动率
		网络教学比例
	智慧化社区管理	社区信息服务系统覆盖率
		社区服务信息推送率
		社区老人信息化监护服务覆盖率
		居民小区安全监控传感器安装率
信息服务产业发展	产业发展水平	信息服务业增加值占地区生产总值比重
		电子商务交易额占商品销售总额的比重
		信息服务业从业人员占社会从业人员总数的比例
	企业信息化运营水平	工业化和信息化融合指数
		企业网站建站率
		企业电子商务行为率
		企业信息化系统使用率
人文科学素养	群众收入水平	人均可支配收入
	群众文化科学素养	大专及以上学历人员占总人口比重
		城市群众科学素养达标率
	群众信息化宣传培训水平	每年相关宣传培训人员占总人口比例
	群众生活网络化水平	群众上网率
		移动互联网使用比例

续表

一级指标	二级指标	三级指标
人文科学素养	群众生活网络化水平	家庭网购比例
居民主观感知	生活的便捷感	网络资费满意度
		交通信息获取便捷度
		城市就医方便程度
		政府服务的便捷程度
		获取教育资源的便捷程度
	生活的安全感	食品药品安全满意度
		环境安全满意度
		交通安全满意度
		防控犯罪满意度

4.2.2 分模块设计

1．基础设施

基础设施主要包括 3 个二级指标，7 个三级指标。

（1）宽带网络覆盖水平

宽带网络覆盖水平是指各类有线和无线形式的宽带网络在城市中的覆盖比例，主要包括 3 个三级指标。

① 家庭光纤可接入率：光纤接入是指局端与用户之间完全以光纤作为传输媒体。光纤接入覆盖率是反映城市基础网络设施发展水平的核心指标之一。

② 无线网络覆盖率：通过各种无线传输技术实现的无线网络连接在城市区域的覆盖率。

③ 主要公共场所 WLAN 覆盖率：院校、交通枢纽、商业集中区、公共活动中心等主要公共场所的 WLAN 覆盖率。

（2）宽带网络接入水平

宽带网络接入水平是指城市居民通过各类宽带接入渠道可以实际享受的网络带宽，主要包括 2 个三级指标。

① 户均网络接入水平：城市内每户家庭实际使用网络的平均带宽（包括各种家庭网络接入方式）。

② 平均无线网络接入带宽：通过各种无线网络传输方式实现的室外网络连接的平均实际带宽。

（3）基础设施投资建设水平

基础设施投资建设水平是指在智慧城市相关领域的投入和建设水平，主要包括 2 个三级指标。

① 基础网络设施投资占社会固定资产总投资比重：城市基础网络设施投资的总量占社会固定资产总投资的比重。

② 传感网络建设水平（占社会固定资产总投资比重）：通过各种渠道（包括政府和社会）在安装传感终端、建设传感网络方面的固定资产投资。

2. 公共管理和服务

城市公共管理和服务是智慧城市建设的核心，主要包括智慧化的政务服务、交通出行、医疗体系、生态环保、能源管理、安全应急、教育体系、社区管理，是城市居民幸福感的直接影响因素，主要包括 8 个二级指标，38 个三级指标。

（1）智慧化政务服务

智慧化政务服务是指当地政府部门整合各类行政信息系统和资源、提供开放协同、高效互动的行政服务方面的发展水平，主要包括 5 个三级指标。

① 行政审批项目网上办理比例：可以实现全程网上办理的区域内行政审批事项占总数的比例。

② 政府公务行为全程电子监察率：通过各类信息化手段对行政许可类事项办理的全程电子监察率。

③ 政府非涉密公文网上流转率：政府非涉密公文通过网络进行流转和办理的比例。

④ 企业和政府网络互动率：城市区域内通过各类信息化手段与政府进行沟通和互动的企业在与政府有交互行为的企业中的比例。

⑤ 群众与政府网络互动率：城市群众通过各类信息化手段与政府进行沟通和交互的比例。

（2）智慧化交通出行

智慧化交通出行是指通过信息技术，改善车辆的通行效率，提高交通的流畅度，优化群众的出行体验，使城市交通管理更为精细化和智能化，主要包括 6 个三级指标。

① 城市道路交通指数：城市交通诊断的综合性评价指标，该指数包含时间、空间、效率 3 个维度中路网行程延时指数、路网高峰拥堵路段里程比、路网高延时运行时间占比等 9 项数据指标，客观反映城市交通的运行状态。

② 公共交通机动化出行分担率：城市居民出行方式中选择公共交通（包括常规公交和轨道交通）的出行量占总出行量的比例。

③ 地铁（不同列次）实载率：指通过地铁进出站客流数据和地铁班次数据计算每列地铁的载客量，实际载客量与荷载量相比得到的实载率。

④ 公交站牌电子化率：电子公交站牌在城市所有公交站牌中的比例。

⑤ 停车引导系统覆盖率：安装停车引导系统的停车场在城市所有停车场中的比例。

⑥ 城市道路传感终端安装率：各类交通信息传感终端在城市次干道级以上道路中的安装率。

（3）智慧化医疗体系

智慧化医疗体系是指群众可切实享受到的具有便捷性、准确性的医疗卫生服务，主要包括 5 个三级指标。

① 新增城乡医保参保人数：城乡居民新增的参与医疗保险的人数。

② 互联网医院线上问诊比例：通过互联网医院进行网络问诊的人数占所有就诊人数的比例。

③ 群众电子健康档案建档率：拥有电子健康档案的群众所占的比例。

④ 电子病历使用率：城市内使用电子病历的医院占医院总数的比例。

⑤ 医院间资源和信息共享率：城市内实现医疗资源及信息共享的医院占总数的比例。

（4）智慧化生态环保

智慧化生态环保通过各种传感终端和感知网络，对环境（主要是大气、水源等）进行实施监测、预警，并做出相应的处理，主要包括 3 个三级指标。

① 环境质量自动化监测比例：通过信息化手段对大气和水实现自动化实时监测的比例。

② 重点污染源监控比例：对城市内重点污染源的信息化监控比例。

③ 碳排放指标：单位国内生产总值二氧化碳排放量。

（5）智慧化能源管理

智慧化能源管理是指城市能源管理的智能化水平，是体现城市绿色低碳的重要指标，主要包括 5 个三级指标。

① 家庭智能表具安装率：居民家庭中安装智能型电、水、气表的比例。

② 企业智能化能源管理比例：企业中应用各类信息技术进行管理和平衡能源消耗的比例。

③ 道路路灯智能化管理比例：城市次干道级以上道路的路灯中实现智能化管理的比例。

④ 新能源汽车比例：新能源汽车在城市所有机动车辆中所占的比重。

⑤ 建筑物数字化节能比例：城市乙级以上办公楼中采用信息技术实现节能降耗的比例。

（6）智慧化安全应急

智慧化安全应急包括城市应急联动、食品药品安全、安全生产、消防管理、防控犯罪等领域，主要包括 7 个三级指标。

① 火灾警情接警数量及成功扑救比例：通过 110、119 电话接到火灾报警的数量和其中成功扑救的比例。

② 电梯救援求援数量及成功处置比例：通过 110、119 电话接到电梯救援的求助数量和其中成功处置的比例。

③ 食品药品追溯系统覆盖率：可实现从生产到销售的食品药品追溯系统在主要食品药品种类中覆盖的比例。

④ 自然灾害预警发布率：一年内对城市遭遇的自然灾害（例如，地震、暴雨、台风等）及时发布预警的比例。

⑤ 重大突发事件应急系统建设率：城市管理各个领域中对重大突发事件信息化应急系统的建设水平。

⑥ 城市网格化管理的覆盖率：实现网格化管理的城市区域在总区域中的比例。

⑦ 户籍人口及常住人口信息跟踪：对户籍人口及常住人口详细身份信息的采集和跟踪。

（7）智慧化教育体系

智慧化教育体系指群众获得各类教育资源和信息的便捷、精准程度，以及教育设施的信息化程度，主要包括 3 个三级指标。

① 城市人均教育支出水平（占 GDP）：用于教育方面的硬件和软件投入。

② 家校信息化互动率：各类中小学中，通过各类信息化技术实现家校互动的比例。

③ 网络教学比例：城市中各类学生通过信息化手段接受网络教育的比例。

（8）智慧化的社区管理

智慧化的社区管理指依托信息化手段，对社区（以居委会为单位）管理中的居民管理、信息推送、养老服务等提供便捷服务，主要包括 4 个三级指标。

① 社区信息服务系统覆盖率：拥有综合性信息服务系统的社区在所有社区中所占的比例。

② 社区服务信息推送率：社区管理机构通过信息化手段向社区居民主动推动各类服务信息

占信息总量的平均比例。

③ 社区老人信息化监护服务覆盖率：对社区实际提供的养老监护占需要监护的老人的比例。

④ 居民小区安全监控传感器安装率：城市内具有独立物业的居民小区中安全监控类传感器的安装率。

3. 信息服务产业发展

由智慧城市建设和发展而催生衍化或支撑智慧城市建设运行的信息服务业的发展情况，主要包括 2 个二级指标，7 个三级指标。

（1）产业发展水平

产业发展水平指城市信息服务业发展的总体实力，主要包括 3 个三级指标。

① 信息服务业增加值占地区生产总值比重：主要用于衡量信息服务业总体发展水平。

② 电子商务交易额占商品销售总额的比重：主要用于衡量区域经济运行的电子化程度（包括以销售为主的电子商务平台和采用电子商务手段销售的相关生产和服务型企业）。

③ 信息服务业从业人员占社会从业人员总数的比例：智慧城市信息服务业从业人员占社会从业人员总数的比例在 10% 以上。

（2）企业信息化运营水平

企业信息化运营水平指通过信息化系统支撑企业生产经营的发展水平，主要包括 4 个三级指标。

① 工业化和信息化融合指数：城市工业化和信息化融合发展的水平。

② 企业网站建站率：拥有网站的企业占企业总数的比例。

③ 企业电子商务行为率：企业在采购和销售等过程中是否具有电子商务行为。

④ 企业信息化系统使用率：企业在研发、生产和管理过程中使用各类信息化系统的比例。

4. 人文科学素养

为衡量群众对智慧城市发展理念的认知、对基本科学技术（包括信息技术）的掌握，以及群众生活的幸福程度等，主要包括 4 个二级指标，7 个三级指标。

（1）群众收入水平

群众收入水平主要衡量城市居民富裕程度，包括 1 个三级指标。

人均可支配收入：智慧城市的人均可支配收入应达到或超过中等发展国家水平（50000 元）。

（2）群众文化科学素养

群众文化科学素养主要衡量群众总体文化水平，以及基本科学文化知识在群众中的普及度，主要包括 2 个三级指标。

① 大专及以上学历占总人口比重：主要用于衡量城市居民文化水平，是反映居民文化素质的重要指标。

② 城市群众科学素养达标率：主要衡量城市居民对基本科学科普知识的了解程度。

（3）群众信息化宣传培训水平

群众信息化宣传培训水平主要指群众接受各种形式的信息化宣传培训的水平，包括 1 个三级指标。

每年相关宣传培训人员占总人口比例：保障城市居民不断更新信息化知识，提升对智慧设施和系统认知及使用程度的重要指标。

（4）群众生活网络化水平

群众生活网络化水平指通过应用各种智慧化的应用系统、技术和产品，实现智慧化的生活，主要包括 3 个三级指标。

① 群众上网率：经常上网的群众在总体中所占的比例。

② 移动互联网使用比例：移动终端用户中使用移动终端上网的比例。

③ 家庭网购比例：经常进行网络购物的家庭所占的比例。

5. 居民主观感知

以群众主观感知性的指标为主，采取抽样调研的形式，对智慧城市建设的相关重要方面进行评价和衡量，主要包括 2 个二级指标，9 个三级指标。

（1）生活的便捷感

生活的便捷感是指群众在出行、就医、教育等方面办事的便捷程度，主要包括 5 个三级指标。

① 网络资费满意度：用户对缴纳的网络资费的满意程度。

② 交通信息获取便捷度：指群众日常出行过程中获取交通信息的便捷程度。

③ 城市就医方便程度：指群众在就医过程中，对花费时间、医院态度、医疗手段和效果等方面的满意程度。

④ 政府服务的便捷程度：指群众在办理与政府管理和服务相关事项时的便捷程度。

⑤ 获取教育资源的便捷程度：指群众在就学、再教育等方面的便捷感知程度。

（2）生活的安全感

生活的安全感是指群众在城市生活中，对食品药品安全、环境安全、交通安全、防控犯罪安全等方面的安全满意度，主要包括 4 个三级指标。

① 食品药品安全满意度：指群众对食品药品安全的满意程度。

② 环境安全满意度：指群众对城市环境污染治理和监控、突发事件的及时响应和处理等方面的满意程度。

③ 交通安全满意度：指群众对城市交通安全（包括道路交通安全、轨道航空交通安全等）的满意程度。

④ 防控犯罪满意度：指群众对城市的犯罪行为的发生率和相应的监控、预警、处理的满意程度。

4.3 探索时空大数据指标

4.3.1 城市运行时空数据指标

城市时空大数据指标是数字中国时空信息数据库的重要组成部分，是数字城市转型升级的重要任务，是城市数字治理工作的基础支撑。作为智慧城市建设的重要组成部分，智慧城市时空大数据建设试点工作自 2012 年启动以来，已经在智慧城市建设和城市运行管理中得到了广泛深入应用，发挥了基础支撑作用，极大地提高了城市管理的能力和水平。

随着社会治理的精细化发展，社会各界对数据时效性、空间数字化、指标化的要求越来越高、需求越来越迫切，BIM、CIM 技术与互联网、大数据、云计算等技术不断融合发展，无尺度地理要素数据、空地一体测绘、网络信息抓取等新技术不断涌现，城市运行时空数据指标体系正在逐步形成。

以交通出行领域为例，比较典型的城市运行时空大数据指标包括两种：一种是道路交通状况，包括城市道路交通指数、重点路段交通指数、实时路段交通事件数和实时在途车辆数等；第二种是公共交通状况，包括地铁日客流量、地铁站点当前客流量和最大承载量、公交车当前客运量和最大载客量、网约车实载量、自行车和共享单车日使用频次和投入运营车辆数等。

4.3.2　时空大数据典型应用

1. 自然资源管理服务系统

基于时空大数据平台，自然资源管理服务系统融合自然资源管理相关数据，扩充构建跨部门、跨行业的自然资源要素地理分布统计、空间开发格局分析、资源优化配置等专业模型和功能，为国土空间规划、空间用途管制、生态修复、自然资源确权登记、自然资源资产管理等提供服务支撑。

在时空大数据的基础上，自然资源管理服务系统应扩展自然资源管理数据。在功能方面，自然资源管理服务系统至少包括 3 个模块：变化发现模块，应包含历史信息与现状信息融合、人机协同变化信息提取、可靠性分析等功能；数据分析挖掘模块，应包含各类自然资源要素的数量、质量、地理分布等统计特征分析、空间开发格局分析、时空关联分析、时空模拟分析、发展趋势与演变规律预测分析等功能；成果展示发布模块，应包含各类城市自然资源目录、浏览叠加、查询检索、统计分析，以及分析结果、专题地图、指标规范、资料报告等的展示、发布和分发服务等功能。

2. 智慧公安系统

智慧公安系统综合运用物联网、云计算、智能引擎、视频技术等现代科学技术，整合公安信息资源、统筹公安业务应用系统，促进公安建设和公安执法、管理与服务的科学发展。

在时空大数据的基础上，智慧公安系统还应扩展房屋实体，并集成户籍人口、流动人口等统计和个体信息，建立人房关系。智慧公安系统建立公安地理公共信息数据库和公安信息地理关联数据库，直观再现城市的地形情况、交通状况、公安机关布控堵截卡点和公安机关、警力的分布状况等；建立城市统一的警务专用数据采集平台，实现数据统一采集入库，保持数据持续动态更新；构建主要公安业务单位的专题 GIS 应用，例如，数字警务、110 指挥中心协同作战、平安城市等GIS 应用系统。

3. 智慧交通系统

智慧交通系统综合运用交通科学、系统方法、人工智能、知识挖掘等理论与工具，深度挖掘交通运输相关数据，实现行业资源配置优化能力、公共决策能力、行业管理能力、群众服务能力的提升。

在时空大数据的基础上，智慧交通系统还应扩展交通领域直接产生的静态和动态数据、群众互动交通状况数据、相关行业数据和重大社会经济活动关联数据。智慧交通系统可以实现的功能模块包括以下内容：智慧出行模块，整合交通出行服务信息，扩大各类交通出行信息服务覆盖面，使群众出行更便捷；智慧决策模块，以系统整合和信息交互的思维，整合行业数据，强化交通大数据应用，提高决策水平；智慧运营模块，以信息化促进传统行业转型的思维，形成地面公交、出租汽车、轨道交通、路网建设和汽车服务等领域的一体化智能管理。

4. 智慧城市管理系统

智慧城市管理系统综合运用移动互联网、大数据、物联网感知和云计算等技术，全面实施智慧化城市管理体系，提高城市管理精细化水平和快速反应能力。

在时空大数据的基础上，智慧城市管理系统还应扩展城市管理专题数据集，包括责任网格、城市管理事部件、实景三维高清影像、业务专题数据和地下管线数据等。通过数据比对、清洗、融合等技术手段，对数据进行统一存储、统一管理和统一授权，并提供各类服务。智慧城市管理系统功能包括大数据共享交换平台、核心应用平台、专业拓展平台、市容市貌监管平台、市政设施监管平台、全民城管信息平台、综合执法平台和大数据分析平台等。

5. 智慧环保系统

智慧环保系统综合运用信息化手段，将环境监测、环境监管、环境监察和综合管理等业务进行全面整合，构建覆盖全面、技术先进的环境保护体系，实现环境管理任务和决策过程的自动化和智能化，提高环保工作的效率和应急处置能力。

在时空大数据的基础上，智慧环保系统整合环境业务数据，搜集群众、企业参与的数据等，为政府、企业、社会群众提供智能化、可视化的环保信息管理应用平台，解决环境监管过程中监测体系分散、决策分析不到位和调控措施不科学等问题。智慧环保系统主要功能包括环境监测与预警服务、污染防治与总量减排服务、风险防范与应急指挥服务、环境管理服务、环境政务与群众服务等。

6. 智慧社区系统

智慧社区系统综合运用物联网、移动互联网等技术，构建社区生活服务体系，实现社区公共服务事项的全人群覆盖、全口径集成和全区域通办，增强部门协同服务能力，提升居民群众的使用率和满意度。

在时空大数据的基础上，智慧社区系统还应扩展网络化管理的社区居民数据、智能家居报警监测数据和可穿戴设备感知数据等，以标准化服务的方式，提供各类社区资源服务。智慧社区系统全面整合与社区管理相关的各类管理资源、信息资源及社会资源，系统构建社区统一的综合管理信息系统，为领导决策和群众服务打造系统服务管理大平台；对社区进行街道办网格管理，及时掌握影响社会和谐稳定的各类信息动态，提供智能分析，精细量化日常工作考核，协助快速决策处置。智慧社区系统功能包括网格化精细办公、居家养老综合服务、平安社区管理和智能物业管理等。

7. 智慧旅游系统

智慧旅游系统综合运用信息化手段，将旅游管理、游客服务、旅游营销等多领域资源进行整合，打造智慧旅游服务体系，实现景区流程化的生产运营、精细化的企业管理、精准化的营销决策、智能化的应急指挥、人性化的游客服务和网络化的生态保护。

在时空大数据的基础上，智慧旅游系统还应扩展互联网电子地图数据、旅游景区景点实景影像数据、旅游 POI 专题数据、旅游基础设施和互联网数据等。智慧旅游系统对旅游数据进行分类采集、存储、管理和分析，为旅游管理部门提供旅游信息资源查询、分析、辅助决策等功能，为旅游企业的信息化应用提供数据基础，为社会群众提供旅游信息查询咨询服务。智慧旅游系统功能包括智慧旅游群众服务平台应用系统、智慧旅游管控平台和智慧旅游大数据平台等。

4.4 实现城市运行动态监测

4.4.1 基于动态指标监测，对城市运行异常告警

运行监测基于各部门对接的数据及感知平台汇聚的数据，通过构建城市运行关键体征指标体系，监测城市重要领域的实时运行情况。通过设置对应的业务专家阈值对潜在风险或具体问题进行预警告警，进而实现对城市运行各类具体场景、事件、指标的实时监测和近期趋势预测分析。

运行监测包括城市交通、城市生命线、人群聚集、生态环境、政务服务、社会舆情、民生服务和经济运行等主题领域，并建立多级指标体系，结合历史及当前数据，利用不同模型监测

城市较为突出的、具有重大社会影响的事件、场景和指标实时运行情况，及时预警城市运行中存在的风险状况。

4.4.2 紧抓核心典型指标，研判城市发展趋势

研判城市发展规律需要紧扣涵盖政务服务、交通出行、生态环保、安全应急等公共管理和服务领域，以及信息服务产业发展、人文科学素养等领域指标。核心典型指标见表4-2。

表4-2 核心典型指标

专题	体征	指标
公共管理和服务	智慧化的政务服务	行政审批项目网上办理比例
	智慧化的交通出行	城市道路交通指数
		公共交通机动化出行分担率
	智慧化的生态环保	空气质量指数
	智慧化的安全应急	火灾警情接警数量及成功扑救比例
		电梯救援求援数量及成功处置比例
		户籍人口及常住人口信息跟踪
信息服务产业发展	产业发展水平	电子商务交易额占商品销售总额的比重
人文科学素养	群众收入水平	人均可支配收入

4.4.3 紧盯安全风险指标，守住城市运行安全底线

实现智慧城市应急响应的综合处理、分析、研判和调度功能，提升城市业务协同处理能力和领导决策支撑能力。为城市应急管理的建模、仿真、演化提供支撑，在数字空间中进行仿真，在实现过程中进行优化，实现应急事件管理的适应性变化和应急联动的优化运作。利用物联网平台对城市安全指标进行全面监测、数据分析与研判，包括安全监控、人员聚集、车辆交通安全指数和环境污染指数等保障群众日常安全生活。

4.4.4 打造多元平台、引入多元主体、实现多元服务

作为公共治理再造的核心领域，智慧治理实现了从管理到治理的成功转化。其中，参与的

主体从政府单一主体转向多重主体，通过激发各主体的共同智慧提高治理效率。智慧治理主体多元化并不会模糊主体间的权责问题，其通过强调治理主体的清晰性能够达成治理主体与公共治理的匹配，提升政府治理的效能。

同时，越来越多的业务应用数据接入云数据中心，随着云计算资源的进一步扩大，社会数据与政务数据资源全过程治理平台的设计规模会根据业务应用的需求逐步扩大，信息资源中心需要具备良好的扩展能力，充分考虑今后业务应用数据增加的各类需求。整合各级单位物联网、互联网平台数据到统一大平台预留延展数据窗口，方便后续功能性拓展，实现多元服务。随着物联网、5G等技术的进一步发展，数据种类也更加丰富，例如，智慧社区、智慧监测、智慧园区、智慧城管等解决方案日益成熟，民生安全、环境监测、交通路况等数据可以实时对接区级或市级平台，实现有效管理，深度融合，最终推动城市数字治理。

4.4.5　建立现代治理体系，构建良性社会生态

积极响应国家对"数字中国、智慧社会、大数据战略"的总体部署，推进城市信息化建设体制改革，顺应信息技术应用的发展潮流，推进城市信息系统的整合共享，破除"信息孤岛"，实现互联网和政府服务、城市治理的深度融合，顺势而为；基于智慧城市的建设基础，构建整体联动、部门协同的"现代化城市治理体系"，以"制度创新＋技术创新"推动"放管服"改革向纵深发展，助力数字治理新体系的建设。

第五章

打造资源与应用赋能中心，激发城市协调力

5.1 需求驱动新技术落地

5.1.1 区块链为政务数据确权、溯源、共享提供新思路

区块链有助于政府部门在互联网上实现政府组织结构与工作流程的优化重组，跨越时间与空间的限制，向社会提供全方位、透明规范、优质的管理和服务。区块链技术的出现，在保证数据的完整性、可信性等方面发挥了重要作用，能够积极促进电子政务的发展，在智慧城市建设中发挥巨大的作用。

1. 区块链技术概述

围绕区块链的底层逻辑，区块链是在点对点网络中通过广播在网络节点之间进行交易记录更新，而各网络节点有各自完整的存储交易记录备份。在区块链的协议和应用层面上，不同的开发者可以根据自己需要的应用场景，自行定义交易记录所包含的内容、新区块产生的条件和加解密算法等。

① 可靠性。区块链是"去中心化"的、公开透明的交易记录总账，数据库由所有的网络节点共享，由使用人更新，受所有网络节点监管，区块链中的数据采取分布式存储。

② 可信性。区块链采用对称加密和授权技术，存储在区块链上的各类交易信息是公开的，但是具体参与交易的账户身份信息是加密的，只有在数据拥有者授权的情况下才可以访问数据。

③ 开放性。区块链系统是开放的，除了交易各方的私有信息被加密，区块链的数据对所有人是公开的，任何人都可以通过公开的接口查询区块链数据和开发相关应用，因此整个区块链系统的信息是高度透明的。

④ 智能合约。智能合约是基于这些可信的、不易篡改的数据，自动地执行一些预先定义好的规则和条款，是可编程的合约。

2. 区块链应用探索

目前，区块链在电子政务领域的应用正在增多。例如，澳大利亚邮政部门已将区块链技术用于选举投票，应用了区块链的选举系统将做到防篡改、可追溯、保证匿名和安全性，这一选举系统将从公司选举和社区选举这类小型选举做起，逐步推广应用到澳大利亚议会选举中。

政府机构在信息技术的支撑下，实现日常办公、信息收集与发布、公共管理等工作数字化管理、网络化管理。例如，政府办公自动化、政府实时信息发布、公民网上查询政府信息、电子化民意调查和社会经济统计等。"互联网＋政务服务"已经成为电子政务建设和发展的趋势。随着区块链技术的发展，"区块链＋政务服务"的电子政务服务模式逐步得到应用，其以区块链和大数据为重要抓手，解决了数据开放共享所伴生的信息安全问题，消除了公民对隐私泄露的担忧，在提高政府治理能力的同时，确保公民的个人数据不被滥用、公民的合法利益得到保障。区块链在智慧城市电子政务中的应用场景如下。

（1）公民身份认证

公民身份认证需要通过国家权威部门来进行核对和认定，平时主要通过居民身份证和社保卡等来确认个人身份，在办理银行、证券、电信、医疗、教育等涉及个人业务时，需要出示身份证件证明个人身份。但在办理电子商务等网上业务时，验证个人身份存在一定的困难。

区块链建立在互联网的基础上，任何接入互联网的端口均可接入区块链，任何证件、实物或无形资产、个人记录、证明，甚至公共记录都可以迁移到区块链上，形成"数字身份证"。依赖于可靠、不易篡改的数据库，区块链将改变人们身份、资产等相关信息的登记与验证方式，各类数据信息和社会活动将不再依赖第三方机构或个人来获得信任或建立信用，全网的多方验证形成数据信息的"自证明"模式。

区块链运用于数字身份认证会产生若干颠覆性的影响，没有人可以改变区块链的任何一项记录，只能追加新的记录，因此身份具有不可改变性。当在身份认证区块链系统记录个人身份后，电子商务、网上用户等业务需要验证个人身份时，可以直接通过区块链系统和个人记录的信息进行核对，使用方便、快捷和安全。

（2）公民和机构的诚信管理

因为各行各业的信息存在"信息孤岛"的现象，所以一些公民和机构的不守信情况会被登记在具体的业务管理系统中，例如，银行征信系统、旅游管理系统等。如果引入区块链技术，在区块链系统登记个人信息的同时，也记录个人征信情况，这些信息在互联网中对所有端口开放，在办理涉及个人借贷等事宜时，区块链系统可以随时查询个人和机构的全部诚信记录，避免发生纠纷事件。

（3）政务信息公开

政府的主要职能在于经济管理、市场监管、社会管理和公共服务。而电子政务就是要将这四大职能电子化、网络化，利用信息技术对政府进行信息化改造。政府可以通过电子政务及时公开公民关注的事项，接受公民监督。因为区块链技术能够保证信息的透明性和不易篡改性，有助于公民信任政府公开的信息，所以对公开政府信息有很大的帮助。例如，在土地登记方面，区块链技术能够记录完整的土地流转信息（登记土地的位置、尺寸、权属和交易记录等）。

（4）食品溯源监管

食品安全一直是社会各界关注的问题，例如食品的来源、食品的生产时间，以及食品产地的水污染、土地污染、空气污染等。政府管理部门应用区块链技术，建立食品区块链监管平台，给每一个食品都配上唯一的身份标签，从生产环节（包括土地污染信息、当地水质信息）到销售环节，把各个环节的信息都记录到区块链上，消费者可以随时查询、验证，最终确认其来源，保障消费者吃得健康、吃得放心。

区块链技术的重点是提供一套交易双方都能接受的信用体系。例如，购买一袋东北非转基因大豆，消费者通过大豆包装上的溯源码，可以查询到这袋大豆从播种施肥到物流仓储等一切信息，这些信息有两个关键特点：一是记录在区块链上不易篡改；二是这些信息大部分是机器自动上传的，不受人工干预。如果所有食品都能建立基于区块链的信息登记和查询体系，则可以建立完善的食品信用体系，从而大幅提升食品安全。

（5）干部人事档案管理

人事档案是人事管理的重要基础信息。应用区块链技术后，可以记录每位员工的出生日期、任职履历等基础信息。一旦人事档案信息经过验证并添加至区块链后，则会被永久存储，区块链数据的稳定性和可靠性为人事档案的准确性和完整性提供了技术保障。

随着区块链技术的日益成熟，电子政务的不断发展，婚姻登记、房屋权属登记、监察审计、选举、慈善资金监管等领域未来都会应用到区块链技术，智慧城市将打造一个完整的"区块链 + 政务服务"的电子政务服务模式。

5.1.2　数据中台推动城市数据深入挖掘和应用

数据中台是政府信息化建设及数字化转型的重点工程，数据中台以数据为生产要素，以政府信息化建设及数字化转型为指引，助力智慧城市建设和数字政府建设。在智慧城市的建设中，数据中台发挥了重要作用，数据中台汇聚基础、主题和专题数据，政务信息系统数据，企事业单位数据，企业和群众填报数据四大类数据，通过加工、分析、融合和管理这些数据，然后与政务信息系统、各类智慧应用、企事业单位应用系统实现数据交换共享，城市综合指挥中心、政务 App

等均可通过数据中台调用相关数据，实现数据可视化展示。

1. 数据中台概述

数据中台通过数据技术对海量数据进行采集、存储、计算、加工、融合、分析和管理，并统一标准和口径。数据中台是一个可持续"让数据用起来"的机制，是一套不断将数据变成资产并服务于业务的体系。数据中台作为全域数据的共享和交换能力中心，旨在提供数据的采集、计算、存储、治理、融合、分析和运营等"一站式"服务及全生命周期管理，最终实现数据的"集、存、通、用、智"。

智慧城市中的数据中台建设可以实现以下价值：一是解决数据的"集、存、通、用"难题；二是提升数据资源价值和数据创新能力；三是快速地响应业务需求，为各类应用提供数据交换共享和数据分析能力；四是打造城市数字孪生体，全面赋能惠民服务、生态宜居、社会治理和产业发展等领域，推进数据治理体系及智慧城市建设。

2. 数据中台应用探索

智慧城市数据中台的数据来源有政务信息系统数据、企事业单位数据、互联网数据和社会类数据，主要是收集、整理政府历年沉淀的数据。数据中台逻辑架构如图 5-1 所示。数据中台总体架构如图 5-2 所示。

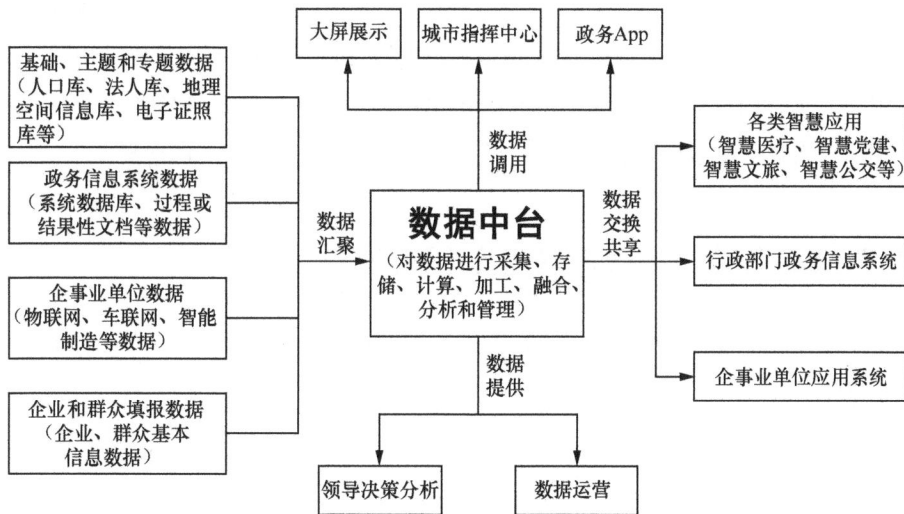

图5-1　数据中台逻辑架构

应用层	政府App	智慧应用	互联网+政务	数字可视化	领导驾驶舱	标准规范体系建设	数据安全体系建设	考核考评体系建设
数据价值层	数据挖掘与探索	数据资产		数据目录及服务	数据运维运营			
数据分析层	分析报表服务	决策支撑服务		大数据分析	知识图谱			
数据融合层	主（专）题库	政务信息库	系统数据库	日志数据集	数据仓库			
数据治理层	基础数据管理	元数据管理	数据血缘管理	数据建模	数据资产管理			
数据汇聚层	存储服务	计算引擎	搜索引擎	机器学习	数据分类分级			
数据源层	政府各部门数据	企事业单位数据		互联网数据	社会类数据			
基础设施层	政务云	行业云	虚拟化平台	物联网	车联网			裸金属

图5-2　数据中台总体架构

智慧城市发展为数据中台的建设提供了环境与契机，数据中台为智慧城市的建设提供了数据支撑与创新动力。大数据中心通过数据中台的建设，在解决"信息孤岛"、"数据烟囱"、业务响应慢、数据质量差、数据利用率低等方面取得了一定的成效，但还存在一些难点、堵点和痛点，在后续的建设过程中将会针对性地解决相关问题。总之，数据中台还处于新生状态，存在诸多不足，数据中台的建设也不是一蹴而就、一劳永逸的，必须经历一个持续的、不断完善和发展的过程。因此，要想数据中台建设有成效、达到预期的效果，就必须从顶层设计出发，政府"一把手"主抓，其他部门齐心协力、共同推动，同时配套严格的监督及考核考评机制，这样政府才能真正实现"用数据说话、用数据决策、用数据管理、用数据创新"的愿景。

5.1.3　5G 技术支撑数据高速传输和创新应用

在智慧城市部署中，5G 备受关注，也逐渐成为智慧城市核心竞争力的重要基础，对城市的进步与发展具有重要意义。目前，5G 技术在智慧城市建设中已日趋成熟。

1.　5G 技术概述

5G 不仅是 4G 的延伸，也是对 4G 的突破与创新，其下载速率大幅提升，达到 1.25Gbit/s。2005

年，华为对 5G 进行了初步探究，2013 年，欧盟为 5G 技术的研究提供了 5000 万欧元的资金支持，2016 年至 2018 年，我国大规模开展 5G 技术研发试验。5G 时代的到来，意味着超快的数据传输速率，将 Wi-Fi、4G 技术融入其中，可以为用户提供丰富的体验，其应用前景广阔。现阶段，5G 在智慧城市建设中发挥着至关重要的作用。

2. 5G 应用探索

（1）基于 5G 的智慧交通

在智慧城市建设中，交通规划是重要的环节之一。在智慧城市交通部署方面，需要充分借助 5G 技术，实现交通部署与 5G 深度融合。5G 技术的融入，可以为车与路、车与车之间的实时信息交互创造良好的环境，实现行驶路径的有效传输和位置共享，既能有效避免交通拥堵问题，又有利于提高交通的运行效率，减少交通事故，给人们的出行提供便利。与此同时，借助 5G 技术对城市交通进行部署，能够获取实时更新的车辆信息，让乘客在等车的过程中做到"心中有数"。另外，5G 技术的应用使智能交通管理成为可能，主要是其能够准确地进行车型分类，依据城市交通的具体情况，合理安排车辆的行驶路线，以便提高交通效率。2019 年，在四川成都，全国首个 5G 智慧交通示范应用系统启动，对以往交通管理进行突破与创新，逐渐向 5G 天地一体化协同作战转型。在智慧城市交通方面，"5G 直升机＋无人机"的全新模式，实现了地空协同，整体上提升了交通管理水平，有利于促进智慧城市部署逐渐朝先进化、现代化的方向发展。因此，在智慧城市部署中，有必要将 5G 技术与交通规划、布局、管理结合起来，完善交通基础设施，促使交通效率的提升，有效改善居民出行的质量。

（2）基于 5G 的智能电网

智能电网是 5G 技术在智慧城市部署中的典型应用之一。5G 技术可以促使作业模式更新，打造定制化的"行业专网"服务。同时，5G 的应用促使智慧城市的电网呈现信息流、电力流高度融合的特点，不仅有利于能源消耗监测，而且有利于能源运输和使用效率的提升，符合智慧城市建设与发展的需求，对电网与用户的双向互动具有重要意义。

（3）基于 5G 的智能家居

在生活质量与水平日益提高的今天，人们对智慧城市建设提出了新的要求，对智能家居的追求越来越强烈。在智慧城市部署中，智能家居的实现也需要以 5G 技术为支撑，主要是因为智能家居需要通过网络实现有效控制家居产品。因此，智能家居系统的建立与完善，离不开大带宽、稳定网络的支持。5G 的灵敏度高、传输效率高、网络稳定性好，有利于满足当前智慧城市建设的要求，为用户提供优质的智能家居体验，提升生活质量，促进智慧城市发展与时俱进。例如，一旦出现盗窃现象，基于 5G 技术的智能安防系统可以在最短的时间内将相关盗窃信息反馈给用户，减少不必要的损失。基于 5G 技术的智能安防系统，可以为用户提供高清、实时的视频信息，实现自动面部识别，因此智能家居在智慧城市发展中具有重要影响，有利于居民提升生活满意度和幸福感。

（4）基于 5G 的智能照明

智能照明系统在智慧城市中的应用越来越受到关注和重视，5G 技术与物联网的结合可以形成智能照明系统，该系统能根据路段车辆和行人情况自动调光，同时智能照明系统的应用有利于节约能源。基于 5G 的智能照明系统的应用，有利于节约城市运行成本，为城市绿色、可持续发展奠定良好的基础。

总之，5G 技术水平日益提高，是智慧城市建设的技术利器，能够带来多方面的社会效益与经济效益。因此，在智慧城市建设中，需要合理利用 5G 技术，使其与相关应用场景深度融合。

5.1.4 人工智能推进创新应用建设

当前，多源的政务数据、复杂的政府业务、迅速传播的决策信息导致政府决策的难度大幅增加，现有的政务信息系统难以提供高效的决策支撑。如何提升决策支撑能力已经成为数字政府建设中需要解决的突出问题。《国务院关于印发新一代人工智能发展规划的通知》（国发〔2017〕35 号）要求"开发适于政府服务与决策的人工智能平台，研制面向开放环境的决策引擎，在复杂社会问题研判、政策评估、风险预警、应急处置等重大战略决策方面推广应用"。根据规划的任务要求，拥有人工智能技术的数字政府能够高效收集、整理、融合和分析海量政务数据，并自动生成支持政府决策的工作方案，成为提升国家治理能力的重要抓手。

1．人工智能技术概述

（1）先进算法

深度学习是目前应用较广的人工智能算法。早期的人工智能研究使用传统机器学习和信号处理技术，采用仅含单层非线性变换的浅层学习结构，函数表达能力有限。而深度学习具有多层非线性映射的深层结构，可以完成复杂的函数逼近；在理论上可以获取分布式表示，通过逐层学习算法获取输入数据的主要驱动变量；采用非监督预训练算法，通过生成性训练避免因函数表达能力过强而出现过拟合的情况。

（2）强大算力

深度学习使用多层神经网络模型等非线性映射，需要强大的计算能力支撑。早期研究中，单机 CPU 计算能力有限，限制了算法的学习和训练速度。近年来，一是 GPU、TPU、FPGA 等硬件逐渐成熟并推广应用，单机计算能力极大增强；二是云计算技术快速发展，实现按需灵活调配云资源，形成强大的计算能力。

（3）海量数据

深度学习需要大规模训练数据，生成并不断优化现有模型，早期研究中，用于训练的数据规模通常较小，容易导致过拟合，限制了模型的迭代优化。近年来，随着信息技术爆发式发展，社会信息化水平大幅提高，各类业务系统、社交媒体、移动设备、传感设备等产生了大量数据，通过采集、传输和汇聚，形成海量的数据集合，可用作深度学习的样本，有效解决了训练数据缺乏的问题。

2. 人工智能应用探索

数字政府在引入人工智能技术后，可以利用其优势，提升决策支撑效能，在辅助政府决策方面发挥了重要作用，为智慧城市建设提供了有力的保障。

（1）可以模拟人的决策过程

基于深度学习的人工智能，其本质是利用多层人工神经网络和卷积计算，通过权值设置和反馈迭代优化计算结果，训练生成模型，完成对历史数据的学习，并在接收新输入时进行结果预测。上述过程是在模拟人脑的学习过程，因此，从机理上看，基于人工智能的数字政府能够模拟人的决策过程。对于传统习惯、社会需求等较难直接量化的因素，可以利用人工智能技术对与这些因素有关的其他数据进行学习和训练，扩大系统训练数据的范围。

（2）可以从案例中学习决策经验

通过政府以往的决策案例，充分了解决策背景、决策指令、决策效果，以及有关部门的反映、社会舆论等信息，分析各个案例的成功决策经验，很多决策案例包含从管理者到工作人员的各层决策信息，分析各层决策的关注重点。利用人工智能技术，在系统建设时可以对以往案例进行学习和训练，保证系统提出的决策建议具有较高的起点。在系统建成后，可以根据后续的实际决策自动优化调整决策模型，不断提升决策建议的水平，更好地发挥辅助决策的作用。

（3）具备更丰富的获取共享数据的手段

一方面，应用人工智能技术对各类法律法规、政策文件等进行学习和训练，可以确定各数据项的数据源部门，确定部门负责的数据项清单和需要从其他部门获取的数据项清单；另一方面，应用人工智能技术分析政策要求，实时抓取社会舆论，有助于精准确定部门所需的数据项及更新频率，通过扫描分析数据共享交换平台上的信息资源目录，确定数据源部门及数据获取方式，生成数据共享交换技术方案。总之，人工智能技术可对数据共享起到促进作用，显著改善决策所需数据的全面性和准确性，提升决策建议的水平。

5.1.5 城市信息模型助力虚实融合的数字孪生城市建设

现阶段，一些智慧城市的发展已由大规模增量建设转为存量提质改造和增量结构调整并重，从"有没有"转向"好不好"，进入城市发展新的历史阶段。城市信息模型（CIM）基础平台是在城市基础地理信息的基础上，建立建筑物、基础设施等三维数字模型，展示和管理城市三维空间的基础平台，是城市规划、建设、管理和运行工作的基础性操作平台，是智慧城市建设的基础性、关键性和实体性的信息基础设施。推进 CIM 基础平台建设，打造智慧城市的三维数字底座，推动城市物理空间数字化和各领域数据融合、技术融合和业务融合，对于推动数字社会建设、优化社会服务供给、创新社会治理方式、推进城市治理体系和治理能力现代化均具有重要的意义。

CIM 是以城市信息数据为基础，建立起三维城市空间模型和城市信息的有机综合体。从狭义的数据类型分析，CIM 是由大场景的 GIS 数据 + BIM 数据组成的，属于智慧城市建设的基础数据。基于 BIM 和 GIS 技术的融合，CIM 将数据颗粒度精准到城市建筑物内部的单独模块，将静态的传统数字城市加强为可感知的、实时动态的、虚实交互的智慧城市，为城市综合管理和精细治理提供了关键的数据支撑。CIM 在提出之初指的是城市信息模型。国内学者对 CIM 的概念进行了完善，提出城市智慧模型。BIM 是单体，CIM 是群体，BIM 是 CIM 的细胞。要解决智慧城市的建设问题，需要海量 BIM 细胞再加上网络连接组成的 CIM。

近年来，在城市建设的过程中，CIM 通过 BIM、三维 GIS、大数据、云计算和物联网等数字技术，同步生成与实体城市"孪生"的数字城市，实现城市从规划、建设到管理的全流程、全要素、全方位的数字化、在线化和智能化，更改城市面貌，重塑城市基础设施。

5.2　打造数字治理资源与应用赋能中心

5.2.1　数字信息资源的汇聚调度

智慧城市是运用物联网、云计算、大数据、GIS 等新一代信息技术，促进城市规划、建设、管理和服务智慧化的新理念和新模式。时空大数据是同时具有时间、空间和专题属性的多维数据，其具有多源、海量和更新快速的综合特点。智慧城市建设与大数据密切相关，在建设中，实现多源数据的汇聚，并对汇聚的数据统一格式、统一时空基准，添加三域（空间、时间、属性）标识，实现多源数据关联和融合的一项基础工程。智慧城市时空大数据汇聚系统能实现两个功能：一是时空信息汇聚，实现海量、多源、异构的时空信息大数据的接入和数据输出；二是时空信息融合，对数据进行清洗，将汇聚的原始数据进行清洗、关联和重新组织，将数据拼装成有规则的信息，为业务系统提供数据服务。

1.　时空大数据汇聚内容

智慧城市时空大数据主要包括时序化的基础地理信息数据、公共专题数据、智能感知实时数据和空间规划数据，构成智慧城市建设所需的地上地下、室内室外、虚实一体的时空数据资源。基础地理信息数据包括传统数据，以及实景影像、倾斜影像和激光点云等新型测绘产品数据。公共专题数据包括人口、法人、宏观经济等数据。智能感知实时数据包括各种公共设施及各类专业传感器感知的具有时间标识的即时数据。空间规划数据包括城市不同行业部门制定的发展蓝图。汇聚公共专题数据、智能感知实时数据和空间规划数据并时空化，为智慧城市建设提供强大的数据支撑。时空大数据处理架构如图 5-3 所示。

2.　时空大数据汇聚方式

时空大数据汇聚主要是将不同业务系统的数据加载到数据库中。数据汇聚有多种方式，按照数据汇聚的传输方式，可以分为文件传输、数据抽取、内容爬取和消息推送等方式。

（1）文件传输

时空大数据包括结构化、半结构化和非结构化的数据，不同的数据类型均可用文件的形式传输。文件传输又分为离线和在线方式传输：离线方式即为存储介质复制，此方式较为安全；在线方式是在网络允许并保证安全的情况下开展的。

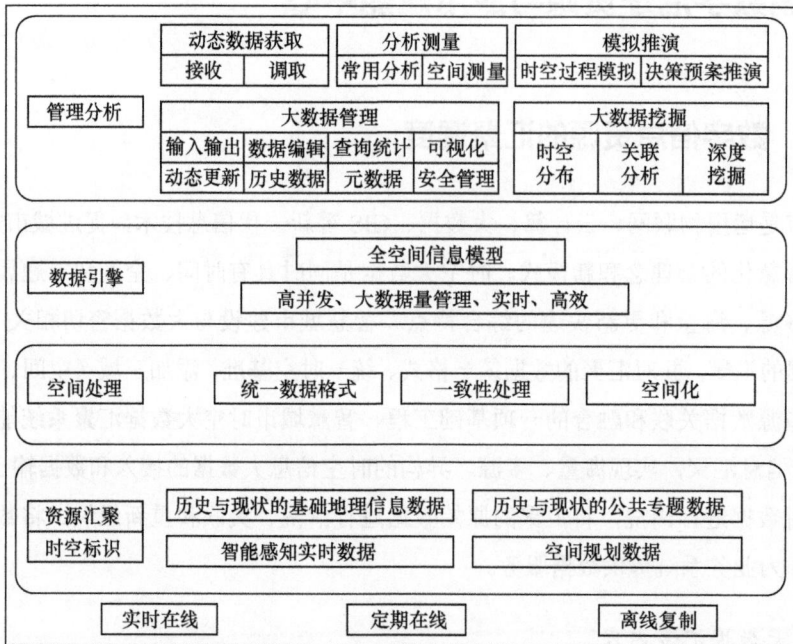

图5-3　时空大数据处理架构

（2）数据抽取

针对关系型数据库的数据汇聚，需要适配多种数据库的类型，解决增量数据抽取、数据传输中断和系统数据库变更等情况。

① 多数据源适配。业务系统的数据库是不确定的，可能是 MySQL、MSSQL、DB2 和 Oracle 等，需要适配各种数据源，并将数据抽取到数据库中。

② 增量数据抽取。业务系统是 24 小时不间断运转的，对数据量较大的数据，全量抽取难度较大，只能采取增量抽取的方式，但判断哪些数据是增量成为一个难点。主流方法包括时间戳、Oracle 的 CDC，以及数据备份日志。

③ 数据传输过程中断。由于业务系统、网络等会出现数据同步过程中同步任务中断，要确保任务重启后不出现数据重复、断点续传的问题。

④ 上游系统数据结构变更未通知。上游业务系统升级改造，数据库表结构发生变更，但未及时通知下游的数据中心，会导致抽取的数据不正确、缺失。

（3）内容爬取

针对互联网上的公开数据，根据爬取数据的类型，选择爬虫程序进行数据收集，例如，非结构化的图片文件类采用文件传输的方式，结构化数据采用数据抽取或直接入库的方式。

（4）消息推送

针对平台中需要的信息，制定规则进行实时收集、分析，分析结论可以通过定时消息推送方式，进行数据汇聚提取。

3. 时空大数据汇聚系统设计

（1）系统架构

基于 FME 和 Hadoop 的 Rest API 可实现多源数据汇聚、更新和交换，系统存储采用 HDFS。在登录时，统一身份验证系统实现用户登录和单点跳转，界面遵循扁平化的设计风格，系统框架采用 ASP.NET MVC，前端使用 JQuery、Bootstrap 技术。时空大数据汇聚系统框架如图5-4所示。

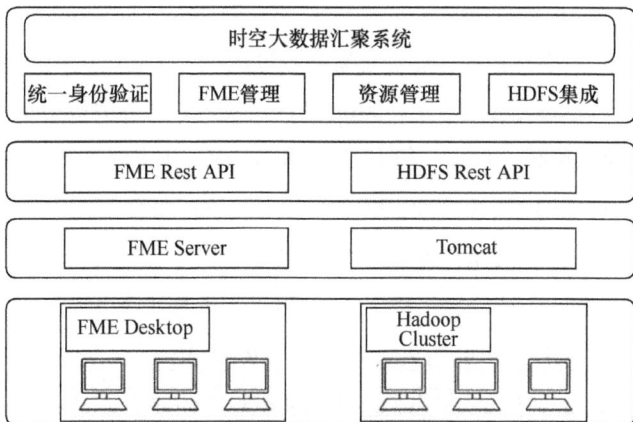

图5-4 时空大数据汇聚系统框架

（2）功能设计

时空大数据汇聚系统通过接入统一的资源目录，对城市中可以共享的数据进行汇聚和交换，实现数据的提取、传输，满足政府不同职能部门专题数据共享的要求。时空大数据汇聚系统功能如图 5-5 所示。

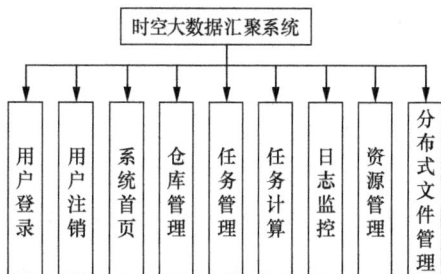

图5-5 时空大数据汇聚系统功能

5.2.2 数字标准规范的统一制定

我国的智慧城市建设已经发展了数十年，从建系统到建"大脑"再到城市运营管理，一幅全新的"智慧中国"图景已经打开，各地不约而同地将智慧城市写入发展任务。我国主导的首个智慧城市领域国际标准 ISO 37156《智慧城市基础设施数据交换与共享指南》在智慧城市领域扮演着重要的角色。

标准体系重点关注建设数据交换和共享模型，搭建数据交换和共享框架，并提出针对数据安全的建议。智慧城市基础设施包括能源、水、信息、通信技术等。根据 ISO 37156 中对数据交换和共享的定义，智慧城市涉及的数据是与基础结构相关的数据及支持基础结构的构建环境元素。随着智慧城市基础设施的发展和复杂性，智慧城市基础设施信息系统的规划、建设、运营、管理和评估应以数据资源的建设、开发和利用为基础。数据交换和共享发生在智慧城市基础设施的不同应用服务和系统之间。各种类型的数据交换和共享具有不同的数据类型和功能。

ISO 37156 于 2016 年 11 月完成新工作项目提案，2017 年 7 月完成工作草案，2018 年 8 月完成委员会草案，2019 年 3 月完成国际标准草案，2019 年 11 月完成国际标准最终草案，最终于 2020 年 2 月 12 日正式发布，中国、英国、美国、德国、日本和韩国等主要国家参与了这项标准的制定工作。ISO 37156 与 ISO 37101、ISO 37120、ISO 37122、ISO 37123、ISO/TR 37150、ISO /TS 37151 共同构成 ISO/TC 268 城市可持续发展系列标准。ISO 37101 提出了城市可持续发展的原则和要求。在 ISO 37101 的宏观指导下，ISO 37122 描述了可持续发展城市与社区中智能城市的指标，ISO 37123 描述了城市可持续发展中韧性城市的相关指标，ISO/TR 37150 回顾了智慧城市的基础设施与指标相关的现有活动，ISO/TS 37151 给出了智慧城市的基础设施绩效评价的原则与要求，ISO 37156 是专门针对智慧城市基础设施数据的交换和共享。

ISO 37156 的主要内容特点如下。

1. 搭建了基础设施数据交换共享的概念模型

ISO 37156 从数据的特征、消耗、运动、存在、生产、状态、供应和使用等方面来描述基础设施数据，开启了智慧城市基础设施数据交换共享领域的新篇章。智慧城市概念模型可以为来自不同组织的数据编制目录，为各个概念提供可用作参考信息的标识符及范畴，实现对城市利益相关概念的专业化，构建数据生态系统，以便为城市内的不同组织及人员提供使用数据。

2. 提出了基础设施数据交换共享的视角分析

ISO 37156 提出了从运作、关键、分析、战略 4 个视角对基础设施数据交换共享进行分析。运作视角主要审视建筑、社区、组织等城市组成部分的特性；关键视角是对事件和当前情况的实时监控；分析视角是对数据生态系统展开深入挖掘以确定模式及预测相关性；战略视角是从全局角度审视与各战略目的、决策及方案相关的成果。

总体而言，ISO 37156 为智慧城市基础设施数据交换与共享相关的重复问题提供了最佳的解决方案：促进城市之间的数据沟通和信息交流；促进"城市大脑"和智慧城市相关信息化系统的互换性、互操作性；减少多样化的城市"数据壁垒"，有助于国际智慧城市之间传播和创新互联互通的城市规划；推动智慧城市数据交易和发展的市场准入和贸易便利化；为国家在智慧城市建设质量声明的确认和验证提供基础。从智慧城市的"感、连、知、用、融"关键技术发展来讲，基础设施数据的感知体系基础为数据交换与共享。ISO 37156 的发布有助于智慧城市的数据交换在技术上通过减少信息不对称等方式，促进智慧城市市场透明度，支撑网络效应与互联设备的价值。最为重要的是在提升中国在国际标准化舞台上话语权的同时，利用国际标准的制定经验和方法来指导地方标准。既借鉴国际先进经验，也更好地与国际接轨，共同为智慧城市国际标准的制定做出贡献。

5.2.3 数字业务需求的线上对接

数字服务平台是智慧城市建设当中不可或缺的组成部分，在实现产品服务供给和消费高效对接，承担市场监管与公共服务职能等方面发挥着重大作用，可以提升我国数字经济发展的治理效能。未来，加快推动我国数字服务平台持续高质量的发展，需要从加强平台责任主体制度建设、完善"政府＋平台"的双重治理模式、鼓励平台创新与适时规范相结合等方面持续发力。

数字服务平台会拉动数字经济规模的持续增长。一是数字服务平台在促进消费方面发挥了巨大的作用。二是数字服务平台改变了传统的贸易模式、合作分工方式、价值创造与分配形式。三是数字服务平台提升了各行业的数字化水平。

数字服务平台丰富了就业形态、稳定了就业市场。依托数字服务平台出现的新型就业形态为我国新型就业创造了大量的就业岗位。数字服务平台的就业方式相对来说比较灵活，能快速直接地吸纳就业，增加劳动者的收入。

通过对数据的分析，数字服务平台可以协助解决在不确定情形下公共治理的决策问题，从而使政府部门做出更有效的决策。

加强平台责任主体制度建设。从规范平台及提高平台治理能力的角度出发，考虑设立平台责任评估指数，通过互联网平台领域内部的相互监督和行业自查、互查，加强平台自律和行业监管。充分发挥平台用户的反馈评价功能，调动平台用户对平台责任履行情况进行打分。加快建设数字服务平台第三方信用机构，统一平台信用技术标准和认证流程，发布信用标识认证，让平台用户能够快速准确地判断平台主体的信用状况，来营造良好的平台责任环境。

完善"政府＋平台"的双重治理模式。从完善政府和平台共同治理，营造良好发展环境的角度出发，厘清政府和平台的监管责任划分与侧重点，平衡好企业自治和政府监管的关系，考虑建立"政府＋平台"合作监管体系，合理分配职责，提高监管及服务效率，减少监管成本。在消费者权益保护、反欺诈等领域，政府应充分介入和加强监管，承担起政府的应有职责。在平台企业评价、促进供需对接等领域，充分发挥平台的自主性，推动平台承担自身主体责任，不断增强其社会责任感。

鼓励平台创新与适时规范相结合。鼓励数字服务平台从创新发展角度出发，采用市场负面清单制度，充分释放平台活力，给予平台合理的发展空间。同时，适时对平台加以规范引导，将具有社会危害性、污染浪费严重、外部成本高的经济活动列入负面清单予以排除。对于产生问题及负面影响的平台，按照市场监管的有关法律法规进行规范管理，完善平台治理法律法规体系建设。保护数据隐私，合理界定数据所有权，不过度索取用户数据等。

提前布局数字服务平台全球合作框架。在数字服务平台责任和治理方面下好国际治理"先手棋"，从国家和国际层面开展顶层设计。在平台经济标准制定、平台经济监管政策、平台监管执行等方面，综合考虑政策实施、监管风险程度，将各利益攸关方涵盖其中，加强国际协调，实现协同治理。由于数字服务平台治理涉及诸多领域政策，对于服务内容、数据等议题，要从国家治理、企业国际合作等不同层面进行应对，综合考虑国际竞争与合作发展需求。

5.2.4 数字应用协同的统筹示范

广义上的"数据治理"相关概念既指对数据的治理，也指利用数据进行治理。政府需要对其产生、获取的数据进行有效的管理和利用。数字政府建设既强调对政务数据的规范管理，又要求充分利用大数据来提升政府治理的相关效能，兼具"对数据的治理"和"利用数据的治理"两个方面的内容。政府数据治理是一项系统性工程，需要以全生命周期的管理理念，对数据的生成、存储、开放、共享、交易、利用等全过程进行治理，涵盖数据的开放共享、开发利用、数据安全、隐私保护等诸多内容，以及数据的规章制度、基础设施、组织设置、技术手段、人才队伍等多个层面。政府数据协同治理至关重要，通过优化不同因素之间的协同关系，有助于提升政府数据治理体系的整体效能。

政府数据协同治理机制包括理念协同、规范协同和应用协同 3 个层面。理念协同立足于"指导性理念和原则"，注重实现三对关系的平衡；规范协同以"对数据的治理"为研究对象，在管理体制、规则体系和平台建设方面达成协同；应用协同以"利用数据进行治理"为研究对象，从治理主体、治理工具、治理客体方面实现协同治理。政府数据协同治理机制框架如图 5-6 所示。

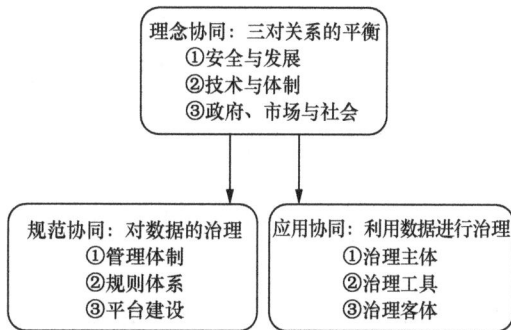

图5-6　政府数据协同治理机制框架

5.3　市、区、街道三级联动的工具赋能

5.3.1　横向到边的跨部门"智能工具箱"

围绕城市运行智能化监测及调度需求，构建横向到边、支持跨部门资源高效复用的"智能工具箱"。一方面，依托政务云已有的大数据基础平台、视频接入平台、GIS 平台、人工智能基础平台等中台或后台，搭建技术架构；另一方面，对相关技术及成熟产品进行深入研究，从适用性、拓展性、安全性等出发，建设涵盖数据共享交换平台、数据治理工具等城市治理工具的支撑体系。在"智能工具箱"建设中完成工具的搭建、测试和评估，后续可为各区的数字治理提供工具赋能。

可赋能的数据资源服务工具主要包括数据库、数据共享交换平台、大数据采集工具、大数据治理工具、大数据挖掘工具、商务智能（Business Intelligence，BI）分析工具等。

① 数据库：包括 Oracle 数据库服务、MySQL 数据库支持服务、Hadoop 服务、分析式数据库服务。

② 数据共享交换平台：实现对城市信息中心已建立的人口库、法人库、信用信息库、城市部件库、基础地理信息数据库的共享数据资源的数据共享交换。

③ 大数据采集工具：实现多数据源的数据源管理、数据抽取、作业管理、任务调度、运维管理、平台兼容的管理功能。

④ 大数据治理工具：实现有关组织部门、项目空间、数据表等整体概览功能，以及元数据

管理、数据血缘、数据地图、数据探查、数据标准、数据模型、数据清洗、数据质量、多租户管理功能。

⑤ 大数据挖掘工具：实现数据集管理、数据探索分析、挖掘建模、分析结果预览及评估、任务调度管理、模型管理功能。

⑥ BI 分析工具：实现数据准备、数据处理、可视化分析、数据共享与管理功能，可快速处理、分析、展现数据。

5.3.2 纵向到底的跨层级"人工智能治理算法库"

现代政府的治理活动基本上是以人类知识的累积、科技的突破与应用为基础的，因此现代科学技术手段的应用已内化成政府治理的核心要素。随着移动互联网、大数据技术的发展与演进，人工智能赋权与政府治理逐步实现其本质上的双向互动关系。人工智能具有精准的控制能力和强大的创新创造能力。具体而言，人工智能主要通过3个由浅至深的层次逐步赋权，以实现对政务行为的辅助和替代来提升政府治理能力。一是人工智能赋权能实现政务信息收集辅助和智能筛选；二是人工智能赋权能以声音、图像、动作等多种交互手段，承担政务的自动识别应答并接受模糊任务，提供即时有效的决策方案参考并按指令完成任务；三是人工智能赋权能实现复杂政务由机器自主判断决策，提出最优的决策方案。直接表现为人工智能通过其所具备的技术功能来影响与改善政府治理的流程与结构，同时，政府治理也会通过其自身的文化、制度、战略、治理理念来影响基于人工智能的政府治理架构设计，实现价值重塑。

在多年智慧城市建设的过程中，部分城市已经逐步探索并训练了一系列纵向到底、跨层级上下连通的城市治理算法模型，包括危险预警分析模型、图像识别算法模型、视频人工智能分析模型、民情洞察分析模型、实时人口算法、安全生产预警模型、经济运行预警模型、城市保障预警模型等。同时，基于政务云的人工智能算力设备，构建兼容各类人工智能芯片和不同厂商人工智能算法模型的人工智能中台，实现对政务云人工智能算力资源的统一管理调度、样本库和模型库的建设和管理，提供语音处理、文字识别、视频图像智能分析、自然语言处理、知识图谱等基础算法。围绕具体应用场景，提供定制化的模型开发和训练能力，满足具体应用场景对人工智能算法的深度使用需求。建设模型仓库、算法仓库、数据仓库、算力仓库、算力评测、算法评测、评测报告分析等模块，封装各类人工智能算法接口对外提供服务，降低人工智能使用门槛，逐步满足各类应用场景对人工智能的需求。

第六章

实现共治共享一体化协同，
　　释放城市新活力

6.1 社区协同提升人口活力

党的十九大对新时代加强和创新社会治理做出了重要部署，提出打造共建共治共享的社会治理格局，提高社会治理的社会化、法治化、智能化、专业化水平。党的十九届四中全会提到要更加重视运用人工智能、互联网、大数据等现代信息技术手段来提升治理能力和治理现代化水平。党的二十大提出健全共建共治共享的社会治理制度，提升社会治理效能。社区网格是社会治理的最小单元，对社区网格内人员的管理和服务工作则是网格化治理工作的重中之重。就当下的实践而言，各地社区网格化管理建设起步于不同时间和空间，并呈现多元化发展。以南京市为例，目前从街道、社区到网格各级工作人员，运用大数据、物联网等现代信息技术推动工作意识高涨、意愿强烈，以及基层管理理念、管理模式和管理手段等不断创新，解决社区网格人口管理问题的主要思路如下。

（1）搭建基于政务服务 App 的基层实有人口管理平台

为解决社区网格人口管理问题，可以利用政务服务 App 用户信息、实有人口库和个人实有房产信息等数据，采用人脸识别身份认证技术，实现居民快速进出社区，全面掌握区域常住人口、流动人口、访客数量信息等人口数据，数据动态更新，为社区精细化治理、人口数据分析、社会风险防范等提供支撑。

（2）构建网格化管理体系

① 统一的网格化管理。基于底层数据库包括实名认证信息库和实有人口库，融合各社区内部人员、地点、建筑物、相关组织等信息于一体，以 GIS 可视化地图的形式将人员网格信息和相关事件等集成，进行统一的可视化呈现，进而提升网格治理效果。

② 闭环处理流程。对于已实名注册社区软件 App 的户主，拥有名下房屋所在社区的进出权限。非户主常住人员权限：户主可通过社区软件 App 为名下房屋的准入人员（家人或租户）赋予社区通行权限，每间房屋根据实有面积等数据规定授权人员数量上限。访客权限：户主也可以通过社区软件 App 为临时来访人员申请临时通行二维码，二维码有效期为 4 小时，访客通过扫码进入社区。

③ 进出社区流程。人脸识别进入社区：在社区入口处安装人脸识别和自动闸机设备，人员准备进入社区时，采集设备将人脸信息上传至人员信息管理后台，首先与 App 的人脸信息库和实有人口库比对，实名认证后对有权限进入社区人员予以放行并将进入人员信息存储至云端。扫码进入社区：在社区入口处安装扫码识别和自动闸机设备，常住人员可通过手机端

App 的人员身份二维码扫码进入社区；访客可通过临时通行二维码进入社区，比对通过后予以放行并存储进入信息管理后台。人员离开社区：人员离开社区时无感通行，但通过前端设备采集离开人员信息并存储至云端。

（3）实现功能

① 实现人口数据的高效采集。社区网格员承担着综合治理、民政服务、城市管理等职责，需要全面而快速地完成基本信息的采集。通过本项目系统，社区网格员不再需要上门登记住户信息，通过系统后台便可以方便快捷地获取辖区内常住人口数据，并实时掌握人员进出信息的变动情况，提高了工作效率。

② 实现实有人口动态管理。通过对人口户籍信息、人员进出权限信息、人员进出信息的分析比对，智能提取人员变动信息，挖掘人口流动情况，实现人口动态管理。相关沉淀数据在社区安全管理、综合治理等方面也将发挥巨大的作用，例如通过一间房屋的人员赋权数量判断人员居住情况，从而有针对性地治理群租房问题。

③ 实现重点人群精准服务。利用项目归集信息与社区网格现有的重点人群信息，以及公安、民政、社保等部门的共享信息进行关联分析，形成人口画像，精准化地开展服务管理工作。例如，根据人员进出信息发现孤寡老人、残障人士等长时间未出社区，可针对性安排社区网格员上门询问，做好帮扶工作；发现社区矫正人员、重点稳控人员进出信息异常，可及时了解情况，做好监管工作。

④ 实现优化社区管理与用户体验。社区人员采用人脸识别、扫码识别方式方便快捷地进入所居社区，特别是对于已在社区软件 App 注册并上传人脸信息的户主不需要任何操作即可无感进入社区，用户体验显著提升。在提高社区人员进出效率的同时，降低了物业管理成本和管理风险，提升了社区安全管理水平。

6.2 跨界联动激发社会活力

6.2.1 企业数据与政务数据互动

1. 企业数据与政务数据对接的演进阶段

我国企业数据与政务数据的融合利用，与经济发展阶段密切相关，反映了数据与经济之间的有机关联，体现了数据作为经济发展的关键要素而愈发重要的特点。随着我国经济形态由工业经济、后工业经济向数字经济迈进，政务数据与社会数据对接融合的种类数量、对接程度、应用领域、价值实现不断增强。企业数据与政务数据融合利用演进模式对比分析见表6-1。

表6-1　企业数据与政务数据融合利用演进模式对比分析

数据融合模式	数据融合时状态	数据融合特点	企业提供数据方式	数据加工处理	数据流向	企业共享政务数据	融合时数据的安全性	典型应用场景
1.0 模式	格式数据	并列式	行政手段	政府处理	企业数据单向融合	未授权	完全涉密	经济形势分析
2.0 模式	数据接口	通道式	市场机制	政府（企业）处理	政府（企业）数据单向融合	需授权	半涉密	民生服务
3.0 模式	模型算法	嵌入式	市场机制	企业处理、政府使用	模型算法双向融合	需授权	半涉密	公共服务治理
4.0 模式	本体特征	融合式	政企合作机制	企业处理、社会使用	数据特征双向融合	需授权	已脱敏	社会各领域应用

（1）1.0 模式

1.0 模式是指政府以行政方式获取企业数据的模式，包括例行上报和应急上报两种类型。第一种类型是指例行上报。通常根据法律法规规定，企业按要求上报月度数据、季度数据、年度数据等，上报方式既可以是纸质材料、电子材料或电话沟通，也可以通过企业与政府间的专有渠道上报。政府与企业间的数据流动主要是单向的，即从企业流向政府，而政务数据则较少共享给企业。第二种类型是指应急上报。应急上报模式在时间上更加急迫、政府干预力度大，企业上报数据也不限于经营数据，也会包括突发事件中的就业或失业数据、减产数据、损失数据、安全数据等。这两种类型的模式都是传统的数据收集模式，不仅数据量有限，数据质量也难以保证，通常无法满足多层次、多角度的需求。因此，需要效果更佳的数据融合模式进行弥补。

（2）2.0 模式

2.0 模式是指政务与企业数据以接口方式进行融合应用。这种模式也分为两类，一类是数据的比对核验，另一类是 API 授权方式。比对核验方式是目前政府向企业开放数据的延伸，为确保数据安全，政务数据在和企业数据对接时，通过政府或企业平台进行连通，将数据需求申请发送政府或企业数据共享平台，由平台对数据进行核验后给出验证结果。API 授权方式通常用于政府或事业单位获取企业数据，通过 API 调用企业数据，将其与政务数据进行融合，然后进行开发利用，这种方式能够确保数据安全，并且企业是无法接触到政府数据的。

（3）3.0 模式

3.0 模式是指政府与企业数据通过模型算法进行融合利用，企业深度参与、数据双向融合利用是 3.0 模式区别于前两种模式的主要特点。目前，3.0 模式成为企业开展政务数据与企业数据对接的主要模式。企业可以通过设计模型算法，在政府数据平台上进行模型训练，在不共享政务数据的前提下，获取数据运算结果以支撑业务开展。

（4）4.0 模式

4.0 模式是指数据以抽象化的特征形式进行融合利用的模式。长期以来，政府掌握的数据远远超过企业数据，但随着 5G、物联网等新一代信息技术的广泛应用，企业数据范围扩展到社会数据，大量社会数据随之产生，社会数据量将逐步超过政务数据，社会数据的增长速度、价值量也有望超过政务数据。在此情形下，数据加工处理的复杂性、专业性更高，更加需要专业团队承担，在满足技术需求的同时兼顾政府目标的实现。考虑到海量数据的安全问题，数据必须进行脱敏处理后才可以应用。同时，考虑到应用场景的急剧增加，同样的数据将应用到不同的领域，并和不同的数据进行融合对接，能够同时满足这些条件的数据存在方式，其最佳选择为数据的标签化，通过数据标签进行政务数据与社会数据的对接利用。

在建设全国一体化国家大数据中心时，通过清理、整合、统筹政府部门数据以及社会数据，结合业务应用需求，聚焦个人、企业等主体，挖掘数据的共性、普遍的本体特征，形成面向行为规律、业务逻辑的数据标签体系和主题库等"数据半成品"，进而形成支撑各级政府决策履职和服务社会相关机构的大数据主题资源库，使数据以"数据特征对数据特征""主题库对主题库"方式对接，为开展重大风险防控、区域协调发展、宏观经济运行、社会应急管理、公共服务优化等提供数据决策支撑。在国家大数据中心体系中，有 5 个层面的政务数据将依托于数据平台对个人身份、法人等基础数据，以及教育学历、婚姻状况、健康医疗等主题数据进行加工处理，形成政务数据标签、本体特征、特征库。同时，从互联网数据、企业数据、感知数据 3 个维度，依托大数据平台，将社会数据形成社会数据标签、本体特征、特征库，数据的融合利用以数据特征的方式进行，为开展大数据联合分析应用、提高信息资源利用水平提供基础，充分发挥大数据提升国家治理能力的作用。4.0 模式中政务数据与社会数据对接机制如图 6-1 所示。

2. 政企互动

近年来，我国智能交通已实现快速发展，许多技术手段达到国际领先水平。但是，问题和困境也非常突出，从各个城市的发展状况来看，智能交通的潜在价值还没有得到有效挖掘。对交通信息的感知和收集有限，各个管理系统中的海量数据无法共享运用、有效分析，对交通态势的研判预测乏力，很难满足群众的交通信息服务需求。

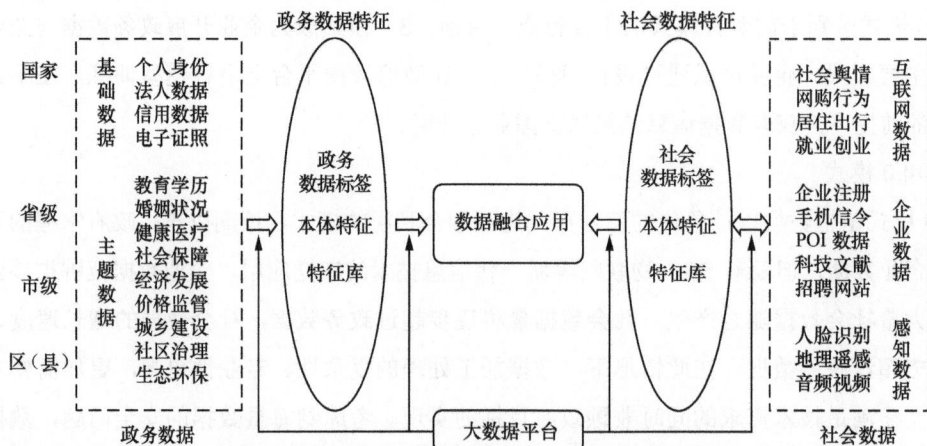

图6-1　4.0模式中政务数据与社会数据对接机制

目前，交通大数据的应用主要在以下两个方面：一方面，可以利用传感器的数据了解车辆通行密度，合理进行道路规划；另一方面，可以利用大数据实现即时信号灯调度，提高已有线路的运行能力。科学安排信号灯是一个复杂的系统工程，可以利用大数据平台计算出一个较为合理的方案，科学的信号灯安排将会把已有道路的通行能力提高30%左右。

3. 实现社会与政府管理协同发展

社会大数据与政务大数据互动，能够助力政府建设智慧政务。以智能化、平台化、集约化、服务化为目标，建设服务型政府，是提升国家现代化治理能力的一个重要突破口，其重要意义主要包括以下4个方面。

（1）有助于提升公共服务能力

城市人口结构复杂，对公共服务的需求存在较大的个体差异。这就要求公共服务模式从过去的"千人一面"转变为"千人千面"，公共服务形式由过去的"无序索取"转向"精准推送"。大数据挖掘和分析使个性化和精准化的公共服务成为可能，提升了公共服务的质量。

（2）有助于推动社会管理的科学化

利用大数据的手段构建经济运行指数，不仅能精确地反映经济的实时情况，还能预测经济发展趋势，对经济社会的运行规律也有直观呈现，将为社会管理的科学化和精细化奠定坚实的基础。

（3）有助于社会危机与风险的治理

利用大数据跟踪分析社会热点，能够增强对关联事件的研究，减少对社会危机预判的不确定性，增强风险预警能力。

（4）有助于提升政府内部管理水平和效率

通过整合政府各部门的数据，不同部门和机构之间的协调更加顺畅，进而能够有效提高工作效率，节约治理成本。通过对社会海量数据的深度挖掘与多维剖析，使政府网上公共服务供给更准确、更便捷，更贴近群众需求。

6.2.2　政府管理制度趋动企业技术创新

一些企业在技术创新的过程中，面对的融资环境较差，加之知识产权保护不到位及市场化转化的过程相对较慢，使企业在新型技术创新的过程中，需要的各项资源及保护无法得到有效支撑，从而会对企业的技术创新产生相应的抑制。在政府管理下进行有效技术创新的对策分析包括以下 3 点。

（1）改进政府管理方法

在经济全球一体化快速发展的时代背景下，我国企业整体面临的制度环境正处于逐步完善的状况。相关政府部门需要强化对市场的监管力度，对于那些侵犯企业知识产权的行为，借助现有的法律做出严厉的打击，从而在进一步维护司法公平公正的前提下，进一步提高政府约束在制度环境中的作用，为企业技术创新活动保驾护航。

（2）提高企业自身管理创新水平

企业为了进一步提升技术创新的水平和效率，除了政府部门需要在管理方面给予支持，企业自身的管理也需要做出相应的完善。这也就意味着企业在实行各项管理工作的过程中，需要对企业内部资源进行相应的优化配置和组织协调，并以系统化的观点来协调企业之间的各项活动。企业在创新管理完善的过程中，需要不断完善企业内部有关技术创新活动的各项管理制度，将技术创新及与之相对应的管理工作内容和职责落实到实际的工作人员身上，在完善责任追究制度的前提下，确保企业内部的各项技术创新活动得以有效落实，并在发生问题时及时追溯问题产生的源头，采取相应的措施，提高企业的生产效率和产品质量，从而进一步提高企业的经济效益水平。

（3）完善区域政策环境

政府应积极鼓励和引导社会资金，建立相应的中小企业信用担保机构，并在多种担保方式探索应用的前提下，确保为企业技术创新在金融方面提供足够的支持。此外，为了更好地保护企业进行技术创新的积极性，需要不断完善知识产权的激励和专利资助政策，从而进一步强化知识产权的保护力度，并以我国现有的知识产权保护相关法律法规作为基础，在选择吸收国外优秀经验的基础上，结合国内实际的企业技术创新知识产权保护问题，完善相应的法律法规体系，从而为企业的技术创新活动提供一个良好的法治环境。

6.3　企业培育促进创新活力

6.3.1　科技驱动，点燃高新技术"新引擎"

一要立足长远，将创新驱动立足于国家的战略目标，不断突出我国在世界科技创新中的领导地位。培育和扶持一批核心技术能力强、综合创新能力强的科技型企业，将科技优势在新发展阶段形成新的发展效益，实现高水平的科技自给自足和科技自我提高。

二要深化认识，树立规范意识，运用规范检验，完善制度建设。制定公开、动态的科技考核标准，制定具体的科技政策、专项资金和人才政策，鼓励和支持更多企业创新性地实现这些标准，成为科学技术的先导，鼓励和支持企业不断保持和提高校准能力，进而形成科技龙头企业集群。

三要重点推进，推进头部企业技术集成，集中创新资源，促进科技企业与高等院校以及其他主体间的有效合作。建立跨国合作，提高重点产业联合研发水平。

四要鼓励探索，对率先探索企业科技创新模式的科技企业进行荣誉鼓励和资金奖励。以科技龙头企业为引领，以高等院校为依托，以创新主体为协调，构建新活力的创新联盟，发展一个高效、强大的联合技术供应体系。

6.3.2　政策引领，助力创新建设"新台阶"

（1）加大高端人才引进

围绕产业地标的重点领域，加大对领军人才、高端人才、高层次复合型人才的引进力度，实施产业地标人才高峰建设行动，完善股权、期权激励等措施。

（2）加强高端创新团队培育

面向集成电路、人工智能、新能源汽车、生物医药等行业积极掌握产业核心技术，培育处于世界领先水平的国际一流创新团队和战略联盟。

（3）加快紧缺人才培养

引导高校设置人工智能、集成电路、新能源等新学科专业，培养高端人才。加强对创新人才的服务，通过建立健全人才任用、评价、激励和流动机制，在户籍、出入境、医疗、住房、子女入学等方面加大对高端人才的优惠和保障。

（4）完善知识产权保护法治环境

加强对自主知识产权保护监管及完善法律审判机制，有效保护企业专利发明者及成果拥有者的知识产权，并通过支持企业申请注册国（境）外知识产权，建立国（境）外知识产权风险预警和快速应对机制。

6.3.3　多方协同，走活城市创新"大棋局"

针对当前城市创新建设中存在的困难，本节提炼了学者们在文献中的观点，从建立健全体制机制、营造创新创业环境、构建创新服务体系、创新人才培养等方面提出了以下建议。

（1）完善政府职能

政府应明确各科技企业和人才的相应服务措施，做到熟知动态、主动回应。各级职能部门要转变工作方式，切实维护不同市场的根本利益，把服务创新作为内部事务，解决共性和个性问题，努力打造创新型城市建设的"独特标签"。推进城市创新建设，必须充分发挥市场作用，坚持"两手抓两手都要硬"，扬长避短。

（2）打造良好创新创业环境

要改善投资和市场环境，加快对外开放步伐，降低市场运行成本，营造稳定公平透明、可预期的营商环境，创造法治、舒适的国际化发展环境和一流的创新生态。以建设最严格的知识产权保护城市为目标，以国际标准为依据，完善规章制度和地方性法规，确保严格的法律保护和高水平的法律服务，落实科技创新和知识创造的保护。营造一种敢于探索、鼓励创新、包容开放的文化氛围，最大限度地发挥市场参与者参与创新的积极性、主动性和创造性。倡导尊重创新、尊重知识、尊重人才的理念，塑造着力突破、包容开放的创新精神。

（3）构建完善的科技创新服务体系

充分调动区（县）、企业、科研机构等多方力量，围绕创新链完善服务链。遵循科技创新的生命周期和成长规律，深入了解创新创业主体在不同阶段的不同需求，分类提供具有针对性的创新创业服务方案。研究确定应重点打造和建设的五大创新服务支撑体系，其中包括研发设计支撑、科技支撑、知识产权支撑、检验支撑、技术交易支撑，进而打造完善的科技创新创业的综合服务体系。

（4）深化创新人才引育机制

人始终是科技创新的中心，应贯彻落实党的二十大报告中提出的"教育、科技、人才是全面建设社会主义现代化国家的基础性、战略性支撑"的部署安排。一方面，各省（自治区、直辖市）应以周边及省内大学为核心载体，提升本地人才培养的质量和水平；另一方面，要建立市场化、社会化的人才体系，根据非共识机构的特点和专业领域，充分挖掘人才。积极引进国际一流人才及团队，吸引多个领域科学家和一流专业技术人才参与基础研究、多学科交叉前沿研究和重大科技基础设施建设。努力提高技能培训质量和高等院校科研能力，使高等院校成为新知识和新技术的源头，促进科研机构、高等院校和企业的人才双向流通。

（5）推动新型科研机构高质量发展

促进新型科研机构高质量发展，强化新型科研机构的领头作用。首先，要深化"量"的积累，坚持以转化科技成果、孵化科技企业为重点，实现市场化运营、项目化落地，推动新型科研机构更好更快发展。其次，要推动"质"的突破，提高技术源头的水平，建立合作纽带，提升研发能力。同时，支持开展产业转化联合技术研究，搭建公共技术服务平台和工程研究平台，共同推动特色专业群体向产业创新群体转型。最后，增强新型科研机构与优势学科的紧密联系，建立合作关系，提升机构的科研能力，成立产业技术研究院，实施产业转型联合技术研究，建设公共技术服务和工程研究平台，共同推动特色专业群体向产业创新群体转型。

6.4 三级联动展现政府活力

6.4.1 市、区、街道三级联动的事件处置

通过建设网格化管理系统，高效运用数据中台，提升基层治理水平，服务社区精细化管理，

逐步实现城市运行管理中需要跨部门协作的事件，以及在突发性公共事件处置的过程中，能够分级或者跨层级实施指令下达、实时通信和指挥调度，精准对接发展需求，成功运用市、区、街道三级联动的政务服务新模式，提升政府面对重大事件及突发事件的处置服务能力，着力促进为民办事见实效，提高市民对政府的满意度。

6.4.2　政务资源共享提升服务质量

1．坚持以人为本，健全政务服务体系

（1）完善管理体制

一是构建四级联动的新型管理模式，提供精准服务。政府可以通过整合政务服务资源，优化管理流程，为个人和企业提供便民利企服务。专业性强、业务复杂度高，以及跨部门、跨区域、跨平台的事项主要由市级政府部门负责；面向法人和其他组织的事项主要由区级政府部门负责，为法人和其他组织提供相对较为全面的全链条服务；面向个人的事项主要由街道办事处负责，个人可以根据事项需要选择就近办理，有些审批事项可由社区代为办理。二是重塑三级政务服务运行机制，做到"审批机构、审批职能和审批事项"集中，"服务事项进驻、事项审批授权、线上效能监督"到位。

（2）打造一体化服务平台

城市政务服务中心整合政府政务服务和社会专业服务资源，构建全方位、全要素的"一站式"服务平台。城市政务服务中心为企业提供工商、税务、投资审批、社保等政务服务，并提供法律、人力资源、安全防护、财务管理等专业服务，较好地优化了营商环境；为个人提供水电气、社保、户政、税务、就业、教育、生育、护照、房屋购买与租赁等服务，并为特定群体（例如，残障人士、老年人、低收入家庭、特困人员等）提供专业服务，为广大人民群众提供了快捷便利的政务服务。这种举措有效地增强了政府与群众、企业等社会主体之间的互动，拉近了彼此的关系，打通了政务服务"最后一公里"，使政务服务更加精准，通过"效能监督"和"好差评"，政务服务中心不断调整并优化自身行为，提高政务服务效能。

（3）构建多层次、全方位的服务体系

从服务对象来看，政务服务体系包括面向个人和法人的服务事项；从实施主体来看，政务服务体系主要是根据事项的归属部门来提供服务；从服务主体来看，政务服务体系面向个人的

主要有婚姻登记、住房保障、医疗卫生、就业创业、社会保障等，面向法人的主要有设立变更、立项审批、税收财务、年检年审等；从服务层级来看，政务服务体系包括市、区、街道、社区四级政务服务事项；从服务渠道来看，政务服务体系包括市政务服务中心、区政务服务中心、居委办事点等线下服务场所，包含市政务服务大厅、12345政府服务热线、城市政务微信、手机端App等服务渠道。

2. 以流程再造为核心，推行"一窗式"集成服务

（1）实施"一窗式"集中受理

以"一窗式"集成服务为突破口，以业务流程再造为理论支撑，调整优化布局，破除按业务设立"专项业务窗口"，统一设立"综合窗口"。由前台窗口统一受理后申报事项，后台各职能部门分类审批，最后由指定窗口出件，将受理权与审批权分离，在前台人员、后台审批人员与企业、个人之间形成相互监督制约关系，有效避免了工作人员的"踢皮球行为"和不作为、乱作为。由政务服务中心统一配备、统一管理窗口工作人员，并有针对性地开展业务素质和服务礼仪等方面的培训，提高了窗口工作人员的整体素质，促进了政务服务效能的提升。

（2）实施"标准化"管理

首先是梳理并编制事项清单。依据业务流程再造，各审批职能部门需要重新对全部审批事项进行梳理和整合，对受理事项所需的申请材料、份数、办理形式、受理标准、办理流程及收费标准等以清单形式列明，使企业法人、公民个人、窗口工作人员、审批人员有法可依，审批标准内外一致。

其次是规范办事指南。在事项清单标准化的基础上，编制面向政府审批职能部门的业务手册和面向企业与个人的办事指南，通过政务服务门户网站、移动终端、自动平台、宣传手册等途径对外公布，明确审批职能部门的职责，限制工作人员的自由裁量权，告知企业和个人应获得的权利和服务，减少审批的随意性，提高政务服务效能和群众满意度。

最后是简化办事流程。依据事项清单、办事指南和业务手册，前台窗口工作人员在受理审批事项时可实行"流水线"作业，按单收件，照单验货；后台各审批职能部门收到前台窗口工作人员的收件材料后，按照"业务指引"直接受理，并在规定时间内完成审批。对重点项目开辟"专属通道"，为城市重点项目、高端项目、重点企业、优质企业提供"快车道"服务。开设跨城通办专区，构建跨部门、跨区域的协调机制，跟踪协调重点项目审批情况。

3. 以大数据技术为支撑，实施政务服务协同办理

（1）消除"信息孤岛"，实现信息共享

针对传统政务服务网的不足，城市政务服务中心推行全流程网办改革，建立一体化在线政务服务平台，对接群众外网和各审批职能部门的信息系统。在这个公共服务平台上，推行"大厅智能指引、网上预约、网上提交、网上审批、邮政寄送、服务监督"的"一网通办"模式，实现了城市各区各部门信息互联互通、交换共享共用。群众和企业只需要打开政务服务网，在切换区域和部门中选择"××市"，点击进入有关页面就可以查看申报事项，即可在线申办实体大厅现场办理。政务服务协同流程如图6-2所示。

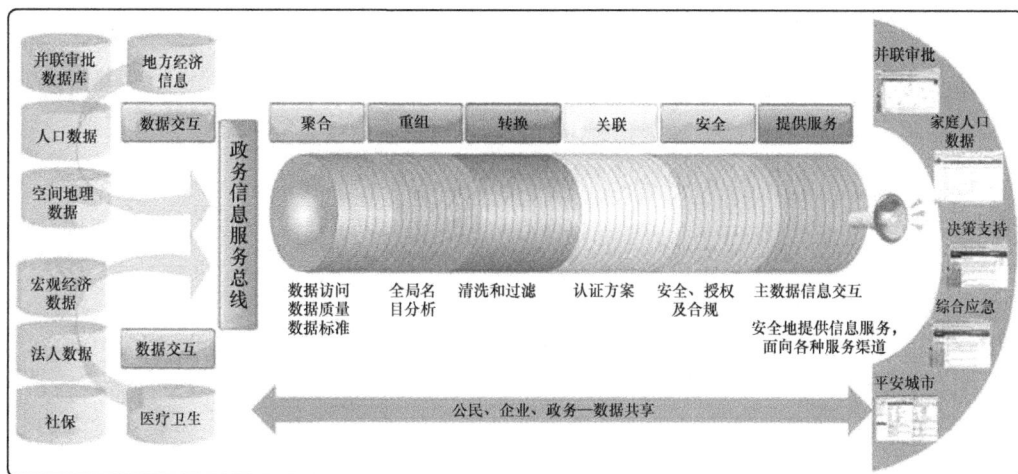

图6-2 政务服务协同流程

（2）打破区域壁垒，实行审批事项"全城通办""跨城通办"

区域壁垒是阻碍地方政府更好地提供公共服务或与其他区域开展合作交流的重要因素。城市政务服务可以创新"跨城通办"模式，群众只需要自助登录终端，即可异地办理有关事项。

第七章

树立慧治慧聚创新示范，增强城市发展力

7.1 从服务和管理出发了解城市人口

2020 年 5 月，《中共中央 国务院关于新时代加快完善社会主义市场经济体制的意见》提出"推动公共资源由按城市行政等级配置向按实际服务管理人口规模配置转变"。同年 9 月，自然资源部颁布的《市级国土空间总体规划编制指南（试行）》（以下简称《指南》）要求"公共服务要针对实际服务管理人口特征和需求，完善服务功能"。在新一轮的国土空间规划中，部分城市已率先提出相关要求：北京市通过对城市实际服务人口的管理全覆盖体系，在目前常住人口的基础上，充分考虑城市实际服务人口的需求及安全保障；上海市在应对实际服务人口的需求上，充分考虑公共服务设施及保障基础设施能力。因此，对城市实际人口管理和服务的实践进行研究，在当下具有重要的理论和实践意义。

7.1.1 基于人口群体分类摸底实际服务管理人口

按照《指南》中的定义，城市实际服务管理人口是指需要本市提供交通、市政、商业等城市基本服务及行政管理的城市实有人口，除了城市常住人口，还包括出差、旅游、就医等短期停留人口。由此来看，只要是需要城市提供基本服务及行政管理的实有人口，都应纳入实际服务管理人口的范畴，入户调查的手段尚不足以涵盖全部实有人口，而"停留 3 天以上"作为分界线的限定意义也不大。对于实际服务管理人口的时间界定方面，部分城市达成一致，即"停留 3 小时以下的过境人口"活动范围仅限于对外交通枢纽内部，在城市空间的互动上相对较少，因此这部分人口不纳入实际服务管理人口的概念。

新一代"城市大脑"以电信、社保汇集的数据为核心基础，以宏观统计数据等外部数据和互联网信息为重要补充，实时监测城市人口流动情况，以颜色的深浅标注本地市流入、流出数量，通过建立大数据模型，从性别、年龄段、职业等维度对人员流动情况进行分析，根据是否常住和停留目的，精准识别典型用户，包括常住居民、准常住居民、通勤者、本地常旅客、外地常旅客、游客、就医者、其他短期访客，摸底实际服务管理人口，也为实现资源的科学规划和动态配置提供研判支撑。

7.1.2 基于实际服务管理人口实现资源的科学规划与动态配置

当前，我国必须把扩大内需作为战略基点，加快落实区域协同发展战略，这也是一个资源配置改革的过程，通过发挥各地区优势，深度建设长三角一体化、京津冀协同及粤港澳大湾区，打造全国高质量发展的动力源及示范标杆，打造世界级创新平台。

为了更好地实现资源配置改革，我国亟须基于实际服务管理人口来实现资源的科学规划与动态配置。2020年，《中共中央 国务院关于构建更加完善的要素市场化配置体制机制的意见》指出，要深化户籍制度改革，探索推动在长三角、珠三角等城市群率先实现户籍准入年限同城化累计互认；放开放宽除个别超大城市外的城市落户限制，试行以经常居住地登记户口制度；建立城镇教育、就业创业、医疗卫生等基本公共服务与常住人口挂钩机制，推动公共资源按常住人口的规模配置。同年，《中共中央 国务院关于新时代加快完善社会主义市场经济体制的意见》进一步提出，建立健全统一开放的要素市场，推动公共资源由按城市行政等级配置向按实际服务管理人口规模配置转变。两份意见明确强调了公共资源的配置方式，应按常住人口、实际服务管理人口规模进行配置。

随着经济全球化和区域一体化的深入推进，长三角城市群和皖江城市带等区域发展战略的深入实施，以及都市圈城镇的快速发展和重大基础设施的建设，长三角区域的空间格局重组进程明显加快，同城化和一体化发展诉求日趋强烈。当前中心城市和城市群，尤其是大都市圈发展正成为承载发展要素的主要空间。因此，按照实际服务管理人口规模配置公共资源，有利于提高中心城市辐射和带动周边地区发展的能力，能够更好地发挥中心城市带动作用，促进都市圈与城市群的发展。

通过分析电信运营商的位置信令数据、用户属性（年龄、性别、来源地等）信息来统计各地区的人口分布情况，同时结合人口普查和公安部门的户籍信息对人口分布数据进行校验，可综合测算各地区实际人口分布情况、老龄人口分布情况、适龄儿童分布情况，以及外来人口流入情况。基于各类人群分布情况，结合 GIS 地理信息绘制各类人群分布与医疗、教育、养老等公共服务设施配套分布的可视化图谱。

适配度是指验证和测度公共服务供给的各个维度与群众需求满意程度之间的系统逻辑关系。通过结构方程模型验证和测度各个逻辑关系间的相关程度，从而挖掘影响不同公共服务资源适配度的主要环节和因素。由此可建立各分布区域的常住人口与医疗配套的适配度评估模型、老龄人口与养老设施的适配度评估模型、适龄儿童与教育设施适配度评估模型。最终通过人口数据的历史分布和最新变动情况，预测人口老龄化趋势、新增学龄儿童变化趋势及新增外来人口变化趋势，从而建立医疗、教育、养老适配度预测模型。

1. 教育资源

基于教育局、住房保障和房屋管理局等数据，对教育资源供需信息进行整合、分析、预测及综合展示，并以公办小学和初中学区为空间单元，进行地理可达性、机会可得性和经济可能性可视化展示，衡量教育资源的获取难度及其空间差异，为推动教育资源均衡、缩小教育差距、实现教育公平提供决策支撑。

2. 医疗资源

结合社区慢性病数据、实际服务管理人口数据、位置数据、GIS 地图、海关出入境数据、健康体检数据，以及医疗机构、医生、病患数据等医疗行业之间的数据进行交叉共享，并充分挖掘大数据关联分析价值，助力优化医疗资源配置，进一步健全公共卫生体系。

3. 文旅资源

城市文旅资源丰富，区域内红色文化、历史文化、特色文化资源多样，文化旅游景点价值亟待进一步挖掘。通过推进"互联网＋"与文化、旅游、政务服务、监管执法等领域的深度融合，提升城市文旅产业的服务与管理水平，打造智慧文旅新形象、新品牌，挖掘文旅资源对城市经济发展的作用和贡献。

通过连接旅游数据、消费数据、互联网数据、摄像头数据，基于 GIS 地图，展示图书馆、博物馆、体育馆、剧院、电影院等文化场所数量、分布，以及景区、酒店、餐饮场所、停车场等旅游资源数量和分布，测算文旅资源与常住人口的需求匹配度，对游客人数、来源、停留目的地、平均停留时长等指标进行分析，为管理部门配套设施建设提供数据支撑。

7.2 从交通出行看经济活力

交通出行是城市经济社会系统运行的典型形态，交通出行数据是新一代"城市大脑"建设的必要组成部分。日益增长的交通出行大数据给交通管理带来了创新的同时也使其面临着挑战，而这就对交通信息化工作提出了新要求，通过大数据应用解决城市交通管理问题成为关键点。

交通专题库的建设涉及城市各类交通相关数据的采集汇聚、处理和融合加工，包括交通历史流量数据、拥堵数据、高峰时段交通数据、各路段历史车流量数据、路况数据、交通事件数据、交通事故数据、城市公共交通出行方式相关的基础数据及运营数据等，为交通应用提供了数据依据。

基于城市不同活动场景的交通出行数据，设立不同活动场景的精细化发展目标，细化城市数字驾驶舱的"颗粒度"，增强城市运行基础数据与不同活动场景指标之间的关联分析，实现对城市发展的动态"体检"，及时识别城市发展堵点，形成量化和可视化的城市运行状态"晴雨表"，实现城市智能思考，增强城市治理能力，提升城市发展质量。

7.2.1　交通出行方式多样化

交通兴则城市兴，交通活则经济活，交通顺则民心顺。交通是经济社会发展的"先行官"，近年来，城市交通迅猛发展，都市圈轨道交通基本成网。

通过采集城市公交、地铁、网约车、私家车等交通出行方式的基础数据、运营数据，综合分析交通的运载能力、运载负荷及密度分布，实现对城市交通工具在不同日期、不同时段、不同环境下的使用频率、负载能力及密度分布等相关指标全面感知。对相关运营数据进行分析，能够在一定程度上反映城市整体经济形势及各区域经济活力，例如当经济形势发展向好时期，私家车和网约车的在途量占比逐步增大。

7.2.2　车辆保有量、上牌量及在途量显著提升

随着城市经济高速发展、私家车的刚性需求和发展潜力逐年提升，城市交通工具的井喷式增长为现有的交通设施带来很大的考验，总体来看，交通设施的发展跟不上需求的增速，交通问题愈发严重，已经成为制约城市发展的关键因素。因此如何打造城市交通智能化，加强交通运输大数据应用中心建设，建立交通政务信息资源共享机制，打造智慧交通出行信息服务体系，一直是亟待解决的问题。

以交管部门及交通运输局智慧化管理系统为基础，依托大数据技术，对城市交通运行信息进行数据整合、分析、预测及综合展示，将道路交通中涉及的各类监测设备资源、控制资源、调度资源、协作资源与 GIS 地图可视化技术无缝融合，基于 GIS 地图对统计、分析的各类基础信息、实时信息和分析数据等进行全景展示，为城市交通管理决策、与交通相关部门的联动决

策提供有效的信息支撑，例如交通路况分析、交通事件分析、公共交通分析、停车问题分析等。

（1）交通路况分析

在重大活动和节假日期间，基于城市交通历史流量和拥堵数据，监测道路实时交通情况，识别交通堵点，测算拥堵指数，调用摄像头图像，图像异常识别，重点关注各相关高峰时段交通数据，分析城市拥堵路段分布、拥堵时段分布、拥堵程度及与周边路段的关联性，为出行指导和交通指挥调度、流量疏导提供数据支撑。

通过 GIS 地图，用户可以选择某一交通堵点进行操作，当用户选中某一交通堵点时，会显示该区域内的视频点分布，点击某一个视频点可以查看实时视频。

（2）交通事件分析

结合交通事件（施工、事故、管制等）发生路段的历史车流量及路况数据，结合交通事件的发生时段和占用时长，实现对周边路段的交通影响分析，为交通疏导及指挥调度提供数据支撑。

基于城市交通事故历史数据的综合分析，对事故发生时间、事故影响区域、事故影响人口等维度进行评估，分析城市重点事故高发路段及事故高发原因，为防止事故的发生和提高通行效率提供数据支撑。

（3）公共交通分析

分析城市公交、地铁、网约车等公共交通出行方式的基础数据、运营数据，实现对城市公共交通工具在不同日期、不同时段、不同环境下的使用频率、负载能力及密度分布等相关指标的全面掌握。

通过对城市公交、地铁、网约车等公共交通出行方式的运营数据进行分析，实现对城市公共交通工具中转接驳能力、各公交地铁站点中转效率及中转频次等的评价。

（4）停车问题分析

在重大活动和节假日期间，通过监测各个重点商圈、医院、景点的停车位信息，掌握城市停车位的负荷情况，并基于车流量分析车位的实际效用，为停车管理提供决策支撑。

7.2.3 从车牌归属看区域联动发展

区域联动发展应用创新地结合车牌归属、交通运输局统计数据、电信运营商的人群流向和规模数据、地图软件的车辆和位置数据，分别计算城市居民在省内各地市之间、与城市经济带各城市之间的平均到达时长，并在 GIS 地图上采用可视化的展现方式，形成高速公路、铁路、航空等综合交通网络的"1 小时都市圈一张图"，同时根据人员、车辆、船只轨迹提取空间区域范围内的热点区域。一方面，聚焦城市自身发展情况，对推动城市经济带发展的成效进行综合评价；另一方面，通过量化与区域其他城市的经济联系、人口联系等，将城市与周边城市人口迁徙情况、产业迁移情况、区域联合发展情况、经济发展情况等综合指标进行一体化展示，创新性地跟踪监测城市的外向支配关系，动态展现经济联系及联动发展情况。

7.3 从人口流动看城市变化

随着城市化进程加快、科技高速发展，高速公路、铁路和航空网络日益完善，出行方式发生了翻天覆地的变化，从最初的步行发展为以自驾、飞机、高铁等为主要出行方式，区域之间的人口流动速度也逐渐加快。随着使用移动通信终端的人数增多，通过移动通信大数据获取流动人口的大量空间位置数据，能够及时预测流动人口的规模。因此人口流动的研究也面临转型，从传统的人口普查数据研究人群行为，发展到挖掘通信大数据，从而探索流动人口发展的最新状况、特点，以及面临的新问题和新形势，摸清流动人口底数，明晰流动人口发展情况，洞察城市变化从而精准识别城市区域功能，这对"一网共治"数字治理体系及治理能力的构建具有重要的政策意义和战略意义。

7.3.1 人口流动行为分析

随着社会的不断发展及生活水平的不断提高，人口流动需求也在不断发生变化。人口流动行为能够实时反映区域的经济联动发展，同时能够直观地反映人们当前的生活状态。因此，对用户的出行行为进行研究，并分析其特征及发展趋势，具有很强的现实意义。

（1）人口流动时空分布特征

人口流动时空分布特征主要是从时间分布和空间分布进行研究，挖掘人口流动的时空规律，为城市规划提供基础。人口流动的时间分布并不均匀，例如早晚高峰期，城市人群出行比例较大，在休息日出行的人流较工作日早晚高峰期会有所缓解，在重要节假日及重要事件发生时，区域间的人口流动比例较大。对人群的出行时间进行统计时，应以小时为单位，统计每小时出行量的占比，以此来分析人群的出行时间分布特征。

人口流动的空间分布与城市土地布局、人口密度、交通系统的布置有密切关系。由于移动设备中含有大量的手机用户移动轨迹，将用户轨迹看成一系列的点，通过判断点的运动状态识别用户轨迹中的驻留点，然后对用户的时空分布特征进行统计分析，挖掘其中有价值的出行时空分布规律。

（2）出行目的

城市居民出行的目的各不相同，例如工作、购物、旅游、吃饭等。人的出行目的在实际生活中比较复杂，我国居民的出行目的大致可分为 8 种，包括上班、上学、公务、购物、探亲友、文化娱乐、回家和其他。由于手机信令数据的匿名性质，出行者的年龄、性别、职业等个人信息无法获取，一般根据手机信令数据产生地点来推测出行目的。

（3）出行方式

针对城市居民的出行方式进行识别，了解居民的出行习惯，对理解城市居民的出行特性，以及交通状况的分析和预测等起到至关重要的作用。通过提取手机用户的出行轨迹，能够计算居民出行距离、出行时长等出行特征，再结合先验知识模糊识别手机用户的出行方式；通过请求百度地图 API 返回不同出行方式的轨迹点，与手机用户的出行轨迹进行匹配，能够进一步识别用户选取的出行方式。

7.3.2 流动群体画像分析

接入城市重点群体人员数据，能够实时了解重点群体人员现状。基于 GIS 实时展现城市人口流动情况、风险人群和特殊群体的统计情况，能够为城市日常治理和重大社会事件处理提供决策支撑，为相关部门化解社会矛盾、帮扶弱势群体提供服务指导。

（1）实时人口流入／流出

基于手机信令等数据实时监测城市人口流动情况，并分省内和省外两个维度来展现人口流入／流出状况。以颜色的深浅标注城市与其他城市流入／流出数量，并建立大数据模型，从性别、年龄、职业等维度对人口流动情况进行分析，为流动人口管理工作提供研判支撑。

（2）风险人群管理

基于犯罪记录、交通事故违章信息等数据进行建模分析，按照红、黄、蓝三色进行风险人群分类管理，红色代表风险性高的人群，黄色代表风险性一般的人群，蓝色代表风险性低的人群。针对红色人群进行网格化管理，为精准管控和风险防控提供决策支撑。

（3）特殊群体关怀

基于城市特殊群体数据，对孤寡老人、特困户、残障人士、失业人员及失学儿童等特殊群体进行分析，基于 GIS 地图和综合治理网格对以上群体人员分布、人员信息、人员动态等进行可视化管理，为应急状态下特殊群体的精准服务提供支撑。

7.3.3　重要节假日及重要事件的人口流动分析

1. 重要节假日及重要事件人群整体态势感知

① 人群筛选设置。根据需要进行监测人群筛选设置，筛选条件包括来源城市、观测时间范围、人群性别、人群年龄段、来源城市驻留时间（例如低于 3 天、3 天以上、一周）等维度。

② 人口驻留分析。通过分析群体用户行为的 OD[1]，能够对区域人群的来源地和去向地进行分析。

③ 人口分布分析。按照月、天、小时，以网格为空间粒度统计分析，以 3D 柱图、蜂窝图、3D 热力等形式，展现区域的人口数量分布情况。

④ 人口属性分析。呈现人群年龄段、性别及年龄段性别交叉等人口结构情况。

⑤ 人流预测分析。依据某个区域的历史数据，预测半小时后的人口数量。

2. 重点区域实时监测

① 人流变化实时热力分析。实时处理手机信令，可以实现对设定重点区域的人流热力监测，功能包括区域瞬时总人数（区域内某个时间点的总人数）、区域累积总人数（按照分钟 / 小时 / 天统计区域内人口数）、区域瞬时游客人数（区域内某个时间点的游客人数）、区域人口热力（可以显示区域范围内的人口热力情况）。

② 重点场所人流预警。当区域人口超过既定阈值时，能够及时预警。

3. 人口流动可视化展示、短信触达预警和大屏可视化展示

以智慧城市中心大屏为纽带，建设大数据可视化系统、视频协商系统，实现重要节假日及

1　OD 中 O 指 Origin，D 指 Destination，表示起始点和终点之间的交通出行量。

重要事件人口流动实时显示及预警功能，从而实时反映城市各区域人口流动趋势，在一定程度上体现了城市各区域的经济变化。

7.4 从物联感知到安全发展

随着城市化进程的不断推进，城市安全发展形势尤为严峻，"安全红线"就是"发展底线"，事关人民群众生命财产安全，城市安全是满足人民美好生活需要的重要保障，是一项关乎城市生命线的基础工程，这已经成为政府、企业、群众的共同认知。

7.4.1 城市安全感知智慧化

城市是现代社会发展的重要载体，已经成为人们经济、文化、科技活动的中心。预判风险、把握风险走向、提前化解问题是保障城市安全的关键。

物联感知网络依托强大的传感器、智能仪表、物联网产业生态，能够感知城市安全发展涉及的治安、交通、环境、供水、供电、供暖、供气、通信等方面的监测数据，动态监测城市运行基本情况，并结合智能化、场景化的业务分析模型，实现预测、预知、预警、预控城市环境情况、交通运行情况、能源供应及消耗情况、通信服务状态、气象环境状态等，实现对城市各类安全要素的实时监控和智能处理。

7.4.2 多领域监控常态化

面向自然灾害、安全生产、城市安全运行等重点领域，全面提升风险监测预警和综合减灾科技信息化水平，推进灾害防治能力和防治体系现代化建设。强化数据治理系统建设，依托大数据支撑平台，接入多渠道数据，全方位获取、全网络汇聚、全维度整合风险监测和综合减灾数据，建立灾害综合态势分析、风险监测预警、应急管理智能化决策等业务应用系统，满足监控监测、研判预警、风险评估、决策支持、应急预案、物资调度等功能需求。

1. 自然灾害感知网络

大数据支撑平台接入防汛水情、森林火情、气象监测、地震监测、地质灾害等自然灾害感知数据，可为自然灾害的预警提供全面的数据支撑。其中，防汛水情监测需要接入河湖水情感知信息。森林火情监测需要接入瞭望塔、红外监控摄像头、烟雾摄像头、灭火水源监测设备等，监测森林防火感知信息。气象监测需要接入雷达、云图等数据资源和暴雨、雷电、地质灾害等预警信息，对城市气象灾害实施有效监测。地震监测需要接入地震时间、地震地点、受灾情况、救援情况等基础感知信息。地质灾害监测需要接入地质灾害防治信息及地质灾害监测数据，实现各点位参数的远程实时监测，并且应深化对自然灾害成因的研究，提出相应的灾害感知网络整合措施，推动全方位、立体化、无盲区动态监测的物联感知网络，实现对自然灾害的有效监测与及时救援。

2. 安全生产感知网络

大数据支撑平台接入危险化学品重大危险源存储单元、烟花爆竹存储仓库等风险隐患感知数据，可为企业安全生产、重大危险源存储管控等提供全面的数据支撑。

（1）安全生产监控企业监测

整合城市安全生产监控企业数据，包括企业名称、行政区域、企业法人、员工信息、安全负责人、联系方式、企业标准化等级、企业风险等级等，对城市涉氨制冷、粉尘涉爆、有限空间、烟花爆竹4类企业进行重点监管。

（2）重大危险源统计分析

对城市各类重大危险源进行统计分析，掌握重大危险源相关所属地区、所属企业、等级评估内容等信息，以及各区（县）各级别重大危险源数量。城市管理者可以在地图上查看城市所有重大危险源所处危险区域数据，以及个别重大危险源的三维模型，从而更加直观地掌握重大危险源分布、影响范围等信息。

（3）建筑工程情况统计分析

通过相关部门对当年度建筑工程项目（房屋建筑类、公共基础类、国有资产投资类）的监管情况进行汇总，掌握城市建筑工程安全生产数据，包括在建工程项目数量、已建安监档案数量、竣工终止监管数量等信息。

（4）危险化学品运输车辆实时监测

接入交通运输局"两客一危"系统，实时掌握城市危险化学品运输车辆状态，包括所属企业、司机信息、实时位置、车速、有无疲劳驾驶等。若发生事故，则可快速定位事故位置，并调取车辆行车轨迹，便于事故分析。

（5）九小场所[1]应急安全监测

接入九小场所应急巡查系统中的报警信息、视频信息等，实现对九小场所的安全监测预警。

3. 城市安全运行感知网络

大数据支撑平台接入大型建筑、大型公用基础设施、公共空间、轨道交通、地下管网及综合管廊等的感知数据，实现对城市安全运行状态的动态管控。

大型建筑安全监测接入桥梁、大型体育场馆、大型综合体的感知数据。大型公用基础设施安全监测接入特种设备、变电站、燃气门站、能源站、储气输气调配站的感知数据，实现对消防设施运行、特种设备运行、燃气泄漏、输气管网压力、电弧等的实时监测。公共空间安全监测接入城市广场街面、重点单位、公园等区域的视频监控数据，对异常事件进行监测并预警，例如在人群密集区域，可以对人群聚集、人群过密、人群混乱、逆行、滞留等事件监测预警。轨道交通安全监测接入轨道交通内外环境采集的安全感知数据，实现了对轨道交通建设与运营全生命周期的安全监测。地下管网及综合管廊运行状态监测接入燃气管网及地下相邻空间燃气浓度、供水管网泄漏、排水管网气体监测等监控数据，监控地下管网的运行状态。

7.4.3 "战时"联动高效化

"战时"综合指挥调度是在城市应急指挥系统整合和利用城市现有资源的基础上，采用新一代信息技术，建立集通信、指挥和调度于一体的高度智能化的城市应急系统，实现公共安全从被动应付型向主动保障型、从传统经验型向现代科技型的战略转变，促进政府健全体制、创新机制，全面提升城市应急管理水平。

"战时"综合指挥调度将语音、视频、GIS进行高度融合，能够应对"战时"的应急指挥、应急救援、应急决策等需求，达到统一指挥、联合行动的目的，为应急管理、交通、人防、公安、司法等行业的日常管理和应急处置提供有效支撑，最大化地保障人民生命财产安全。具体实现功能如下。

① 报备突发事件详情。包含突发事件类型、发生时间、事件内容等。

---

1 九小场所是指建筑面积300平方米以下的小商场、额定就餐人数100人以下的小饭店、床位数50张以下的小旅馆，以及小型的公共娱乐、休闲健身、医疗、教学、生产加工、易燃易爆危险品销售仓储等场所。

② 调取现场周边视频。以突发事件点位为中心，调取辐射周边 5km 内的监控点位及视频内容。

③ 接入应急指挥中心、应急指挥车系统。包含与应急指挥中心和应急指挥车系统的视频进行对接和即时通信对接两个部分。

④ 救援队伍实时情况。通过与应急系统对接，将具体参与救援队伍的人员、数量、装备、GPS、视频，以及应急指挥中心、应急指挥车系统的通信音频接入指挥大厅。

⑤ 救援保障单位实时情况。分类筛选不同需求的救援保障单位，通过系统内联系信息与救援保障单位建立指挥通道。如果保障单位有独立系统，则需要接入其相关 GPS 等信息。

⑥ 道路交通实时情况。将道路实时情况接入指挥大厅，以便更好地筛选调集所需救援物资或救援力量。

7.5 基于资源承载力的生态环境

采用物联网、云计算、大数据、移动互联等技术和环境专业模型，整合各级各部门的环境信息资源，汇总企业和市政排污、城市和农业水源、生态系统类型变化、突发环境事件、发展规划、工程建设、生态环境治理措施，以及各类生态环境质量表征数据，能够实现对主要环境质量要素、污染排放要素和环境风险要素的全面感知、动态监控、科学预测和靶向治理。

7.5.1 基于物联设备感知开展主动监测与预防

运用"互联网＋生态"战略，搭建生态环境全要素监测网络，在城市辖区内安装环境空气、负氧离子、油烟、机动车尾气、工地扬尘、河流、噪声、电磁辐射、污染源和高空视频等在线监测设备，将各要素监测数据集中在一个系统，打造"城市生态环境监测视野一张图"，实现基于物联设备感知数据的统一监测和管理。

1. 污染源在线监测

① 工业污染源在线监测。对有排放大气污染物（二氧化硫、氮氧化物）或水污染物（重金属、氨氮）的重点排污单位安装化学需氧量和总磷在线监测设备，实时监控重点排污单位污染物排放情况。

② 市政公用基础设施在线监测。安装在线监测设备对城市水质净化厂和小型污水处理站进 /
出水浓度、市政垃圾处理设施外排、医疗机构外排水等进行实时监测，主要监测流量、pH 值、
化学需氧量等指标。

③ 油烟在线监测。结合环境监管要求，灵活监控餐饮企业油烟排放情况，安装"三参数"
油烟在线监控设备，在线监测油烟浓度、非甲烷总烃、颗粒物 3 项指标；对一些小型餐饮店，
尝试通过电量监测来进行油烟监测。

④ 扬尘在线监测。扬尘污染是大气污染的主要来源，结合环境监管要求，对大部分工地安
装 TSP、PM10、PM2.5 扬尘在线监测设备，实时监测并公布工地扬尘排放情况，实现数据分析、
超标报警和短信预警等功能。通过对在线扬尘监测系统的计量校准，工地扬尘监测系统的量值
会更准确，进而能够为环保监测提供准确数据，为政府环境执法和空气质量改善行动提供重要
依据。

⑤ 机动车尾气遥感监测。2017 年，原环境保护部发布了《关于加快推进机动车遥感监测平
台建设和联网工作的通知》，要求构建"国家—省—市"三级联网的机动车遥感监测平台。目
前，江苏省已实现"国家—省—市"三级机动车遥感监测数据联网，每天定时向国家遥感监测
平台上传数据。在城市交通要道安装机动车尾气遥感监测设备，利用机动车尾气遥感监测技术，
对车辆尾气实现实时在线监测，每小时可监测上千辆车，实时抓拍车辆信息；通过 LED 大屏提
示并同时将超标车辆车牌号推送至交警部门，实现对超标车辆的重点管控，避免出现停车检测，
从而影响车辆正常行驶和交通秩序。

2. 空气环境质量监测

建成环境空气自动监测站，实现街镇监测点位全覆盖，将城市空气自动监测数据统计、汇
总和展示等，主要包括监测点示理、实时监控、数据修正、预警预报、数据统计分析，以及与
全国城市空气质量排名对比等。

3. 水环境质量监测

① 地表水在线监测。对国考、省考断面逐月监测分析，发现问题并及时采取管控措施。大力推
进建设市控入江支流水质自动监测站，在运粮河流域开展水环境热点网格试点，对入江支流开展每
两日跟踪监测和流域调查性监测，实时监测主要污染指标，将水质自动监控数据统计、汇总、展示等，
主要实现监测点管理、实时监控、报警、数据审核和分析等功能，为水环境管理决策提供依据。

② 水环境人工监测。将建区以来的水库、河流和地下水的人工监测数据导入系统，实现对历史监测数据的灵活查询、分析和评价，与在线监测数据形成互补。

4. 声环境质量监测

针对交通噪声，生态环境部门强化了道路监测，在一些主次干道安装道路环境质量自动监测站，通过噪声在线监测设备自动采样、分析，并将数据传输到环境监测平台。根据监测数据，生态环境、交通管理、城市管理等部门共同采取措施，通过交通疏导、建设隔音屏等措施减少噪声污染。

5. 土壤环境质量监测

将土壤监测数据导入系统，利用系统自动统计、分析和评价，通过地理信息系统展示辖区的土壤环境质量分布情况。

6. 辐射环境监测

对重点区域开展电磁辐射在线监测，探索电磁辐射对周边环境造成的各类影响。系统支持辐射监测信息的查询、报警设置、数据分析、报表生成、导出和打印等功能。

7. 生态环境监测

利用城市自然资源监测和调查成果，构建"自然资源一张图"，将数据形象化、直观化、具体化，在地图上多指标、多维度地集中展示城市植被、陆生动物、海洋动物、河流、沙滩和山体等的种类、数量和分布情况。利用遥感影像解释数据，在地图上展示裸露地块的位置和范围，支持多时期裸露地块影像叠加及卷帘显示，客观显示裸露地块的变化情况，提高监管效率，为生态修复和监管提供技术支撑。

8. 应急监测

建设环境应急指挥管理子系统，将辖区的环境风险源、危险化学品、应急预案、应急物资、应急案例、应急队伍、应急处置方法、应急演练和应急指挥调度等业务进行集中统一动态管理，划定辖区环境敏感点，通过系统自动检索出事故周围设定距离范围内的敏感点，并收录大量应急案例，为同类事故处置方案的制定及敏感点的防护提供数据支撑。

建成集水、气、声、土壤、污染源、电磁辐射和生态等要素于一体的生态环境全要素监测网络，并同步共享相关部门的在线监测数据，实现人工监测数据与在线监测数据互补，强化数据的分析比较，挖掘大数据的潜在价值，构建基于物联感知设备的城市生态环境全要素监测体系。

7.5.2 基于 12345 热线投诉举报实现快速反应与治理

12345 政务服务便民热线（以下简称 12345 热线）是指各地市人民政府设立的，由电话 12345、市长信箱、手机短信、手机客户端、微博、微信等方式组成的专门受理热线事项的公共服务平台，提供"7×24"小时全天候人工服务，形成连接群众与政府之间问题反馈通畅与及时办理的良性互动机制，旨在提高为民服务水平，推进依法行政，创新社会治理，维护自然人、法人和其他组织的合法权益。我国 12345 热线是目前政府收集城市问题最直接的方式之一，各个城市都有较为完善的群众服务热线体系。12345 热线的运行分为统一受理、分类处置、限时办理、答复认定、办结回访等环节。

① 统一受理。12345 热线通过电话、互联网等全媒体渠道提供在线受理服务，依照国家一体化政务服务平台标准登记实名信息。

② 分类处置。根据服务对象诉求的性质、内容、涉及领域、涉及部门等，采取直接解答、三方通话、派发工单、专席窗口联动、专项服务通道等方式进行处理。

③ 限时办理。成员单位对收到的服务工单，应在 1 个工作小时内签收，主动联系服务对象，沟通诉求并告知办理程序及期限。对咨询类服务工单，应在 3 个工作日内答复服务对象；对非咨询类服务工单，应在 5 个工作日内答复服务对象。

④ 答复认定。12345 热线对成员单位的答复意见进行规范性审核，对不规范、不具体、不完整的答复，成员单位应在办理时限内补充完整。成员单位对不属于职责范围内的服务工单，咨询类的应在 1 个工作日内、非咨询类的应在 2 个工作日内申请退回，并说明依据和办理建议；对因客观因素不能按时办结的服务工单，应在时限届满前提出延时申请，必要时应与服务对象沟通说明。

⑤ 办结回访。12345 热线在成员单位办结服务工单后，应进行短信回访，征求服务对象满意度。对短信回访不满意的，进行人工回访。对首次人工回访不满意的服务工单，成员单位应进行核实整改。

12345 热线对诉求办理进行全过程跟踪，及时发现并解决群众的问题，实现对投诉内容的快速反应和处理。

7.6　细摸数据晓民意

随着互联网技术的应用和普及，数据应用在提升社会治理能力中的重要地位已经得到政府、社会的普遍认可。政府作为公共资源最大的拥有者，对数据资源的开放共享与有效应用的能力，逐步成为政府信息化建设的基础支撑，是提高政府行政服务效能、增强国家信息资源竞争力的关键。

良好的社会舆情机制，既是维护社会整体稳定的重要方式，也是城市高效管理的未来方向。对城市群众投诉举报及网络各类舆情数据进行采集汇聚、处理、融合加工，能够为了解网络舆情、把握舆情动向、跟踪分析舆情演变趋势提供依据。

7.6.1　基于政务数据主动倾听民声

随着智慧城市建设的深入推进，政务数据在城市管理、公共服务、产业创新等领域发挥了重要作用，营商环境进一步优化。人工智能、新能源汽车产业地标等建设和城市智能门户运营服务都离不开政务数据的支撑。近年来，各城市依托12345热线，通过"一号答"监督举报投诉服务体系，提供"7×24"小时全媒体服务，实现高效便捷的咨询办事、效能监督和大数据决策支持，充分发挥政务部门倾听民声、为民服务的数据优势，统一受理群众和企业的咨询、投诉、举报和建议，建立限时办结、全程监督、闭环管理的服务机制，对涉及"不见面审批（服务）"和"一网、一门、一次"服务事项，实现办理全过程的开放式评价，重点分析办事"堵点"，持续增强服务体验，促进各政务部门服务能力不断优化。

① 数据挖掘：多途径收集大而全的海量民生数据后，再进行细化分类，深入挖掘数据背后的规律与价值，精准辅助治理决策。"民声可视化"实现了对海量民生数据的深度挖掘，从地理、时间、分类等多个维度筛选数据，极大挖掘了大数据背后的"民声"，借助网络地图、标签云、历史流图等可视化技术将数据分析和报告实时呈现，发现社会治理中的关键问题，充分发挥12345热线的辅助决策功能，真正做到用数据说话、用数据管理、用数据决策。

② 数据预警：建立民生舆情预警机制，提高公共危机防范能力。民生舆情对社会经济生活秩序和社会稳定的影响与日俱增，如果民生舆情突发事件处理不当，则可能引起群众对政府的信任危机，使政府决策和管理运作受到很大影响，进而对社会稳定造成严重威胁。通过"数据

预警"跟踪突发性社会事件，实时抓取群众诉求信息进行汇总，第一时间向相关职能部门发送舆情预警函，推动政府部门高效应对，及时处理和解决群众关切的问题，实现由传统的民生舆情被动应对到为民办事、主动作为的转变。

③ 数据协同：以数据共享为基础推动跨部门协同治理，发挥民生大数据共享融合的功能，以拓展数据协同共享为突破口，通过数据共享服务建设，实现政府各职能部门数据实时对接，通过定期推送等形式打破"数据壁垒"，一方面减轻了基层服务部门的业务压力；另一方面提升了数据采集和辅助政府决策的能力。

7.6.2　基于网络舆情自动感知舆情隐患

网络舆情是网民对国家政治、经济、文化和社会发展趋势及人们普遍关注的社会热点在互联网上的集中体现，是网民表达情绪、诉求、行为倾向的信息集合。中国互联网络信息中心第51次《中国互联网络发展状况统计报告》显示，截至 2022 年 12 月，我国网民规模达 10.67 亿人，较 2021 年 12 月增长 3549 万人，互联网普及率达 75.6%。

海量的用户资料和行为数据为网络舆情提供了坚实的数据基础，是社会舆情在互联网上的映射，已成为政府了解社会民生、加强执政能力，有关部门及时掌握舆情动向、发现潜在舆情危机的重要参考。然而，大数据时代网络舆情事件的传播速度特别快，因此网络舆情研判与预警对政府危机应对、处理、解决社会危机的作用越来越明显。

1.　舆情数据采集

舆情数据感知和收集的对象除了舆情工作部门日常关注的新闻媒体、门户网站，以及微博、微信等社交网络，还需要不断扩展舆情数据的来源，加强对电子政务网站、舆情工作部门的业务需求等数据的采集和汇总，构建包含各类情报感知要素的全要素、全角度、全方位、立体化的情报感知数据来源，实现"7×24"小时不间断循环采集，采集间隔为分钟级且可以对重点信源进行采集频率调整，能够第一时间发现互联网最新信息。

2.　舆情分析

（1）基于情感词典的方法

基于情感词典方法进行情感分析一般有以下 3 步。

一是构建情感词典。作为情感分析的基础，情感词典一般由类词汇组成，分别是通用情感词、程度副词、否定词、专业领域词，这些词汇在实际运用中会结合使用。

二是进行情感倾向性计算。通过情感词典及相关句的语法结构，通过相应的权值计算来对其进行相应的统计，从而实现情感分析，通过给不同的情感词赋予相应的权值，再加权计算出文本的情感得分。

三是通过规定相应的阈值来判断文本倾向性。该方法不依赖事先标注好的训练语料集，相对来说更容易实现。

（2）基于机器学习的方法

文本情感倾向性分析实际上就是依据文本所拥有的情感特征来对文本进行判断，本质上是一种分类问题，因此任何现有的分类方法都可以应用其中。先提取人工标注情感倾向性的训练语料中的相应情感特征，例如各种情感词、词语词性、语法结构、特定话题，深入挖掘提取出的不同情感特征来作为情感分析依据。再构造分类器，通过语料训练来对文本的情感倾向进行分类。其中，特征选择、训练时间与训练集选择是影响判断情感准确性的重要因素。

3. 舆情预警

对各类网络信息源"7×24"小时全天候监测，实现重点网站舆情分钟级入库，通过自然语言处理技术，以及词典与机器学习算法结合的方式，对舆情数据进行精准情感分析并对负面舆情进行预警分级（轻微、较重、严重），能够提供 App/ 短信 / 邮件 / 站内上报 / 第三方通信平台等预警推送方式，以及"智能化 + 人工推送"双保险的高危预警服务。

4. 可视化统计分析

从不同维度（关键词、媒体、网民情感、文章转载、溯源等）对舆情信息的分布、趋势、传播路径进行分析，并从中提取热点事件、热点文章、热点词汇，了解舆情动态；从不同维度对全网信息进行深度挖掘和多重分析，例如舆情信息的分布、发展趋势，并从中提取热点事件、热点文章、热点词汇。

5. 舆情报告

舆情报告可自动生成，包括以预警重要信息为主要目标的舆情日报、当日重要舆情资讯等，将当日发生的舆情进行全面梳理和摘要总结，并自动提炼舆情数据形成舆情报表，便于管控工作的分析统计。

　　舆情分析报告可根据需要，由专业分析师提供更为详尽的日／周／月／年／专题事件等分析报告，包括舆论重点、舆论阵营、媒体和网民观点、事件概述、事件发源、事件传播轨迹、事件和舆论发展节奏、微博分析和事件结论等模块，记录事件发生、发展、溯源、追踪、处置效果等全过程，加以热度图、传播图、分布图、自定义图，为分析研判、管控和处置舆情提供重要参考信息。

第八章

"一网共治" 未来愿景可期

通过对智慧城市的理论研究与建设实践历程的回顾，总结的经验如下：一是要充分发挥资源禀赋优势，打造智慧城市"一城一策"的发展战略；二是尽快掌握智慧城市发展建设涉及的核心技术，我国只有加强关键技术领域的自主研发，加强相关技术的集成与创新，才有可能建设自主可控的智慧城市；三是着力提升顶层规划的相关设计，科学规划和顶层设计是智慧城市建设的基础，在城市相关的硬实力普遍发展的未来，城市发展竞争力将更多地体现在科技、知识、创新等领域，因此顶层设计可以在更高层次上发挥信息化的引领和带动作用，推动物联网等信息技术的快速发展和渗透，确保在新一轮信息技术竞争发展中掌握主动权，在更高平台上实现跳跃式发展；四是坚定不移地进行资源整合，可以按照重点突出、有序建设的方式重点推进政府各部门资源共享、技术标准统一及跨部门智能应用，加强信息互通，避免重复建设；五是始终秉承惠民理念，智慧城市是一个社会化的系统工程，应当建立政府主导、社会参与的联合推进模式，形成统一、高效的建设管理体系。

本章将分别从积极迎接新趋势、深入剖析新要求、着力促进新发展这 3 个方向，面向城市治理现代化需求，研究如何提升数据治理、算法治理、应用治理和组织治理等数字治理能力，构建理念先进、制度完善、统筹规划、组织灵活、多元共治、领域互通、持续发展的数字治理体系，以数字技术创新促进高质量发展，以数字能力外溢提高能级辐射，以数字服务质量打造品质生活，以数字化转型升级强化效能治理，打造"一网共治"的城市治理新品牌，为构建新型智慧城市提供保障。

8.1　新趋势

8.1.1　更广泛的数字资源与数据连接

数据连接更加广泛。随着通用感知终端、5G 技术、边缘计算、区块链等的发展应用，智慧城市中的基础设施体系将实现空间覆盖与广泛互联。基于现有的建筑信息系统数据，充分结合物联网数据和地理信息系统数据，形成基于城市空间模型的数字孪生城市。城市信息模型将无缝衔接城市中各个空间尺度的数据，具备接入实时海量数据并以强大算法为支撑的能力，真正实现基于大网络、大系统、大平台的公共数据汇聚共享，覆盖城市规划、建设、管理和生产、生活、生态等全生命周期的各项管理活动。基于此，智能感知、侦查和识别问题，智能对外发布城市管理预警信息等智能化应用将成为常态；城市管理者将能够全盘洞悉城市管理数据，确保城市管理数据实现自下而上的快速、准确传递，推动城市管理简单问题的早发现、早处置，以及复杂问题的早研判、早化解，最大限度地规避、控制、防范城市管理中的各类风险。

数字资源驱动更加明显。随着各地方智慧城市建设的深入推进，城市管理者越来越深切地意识到离开数据谈城市管理如同"无米之炊"。准确、可靠的城市管理数据将成为城市管理的"底图"，数字孪生城市建设将与物理空间的城市建设同等重要。城市管理者只有心中有"数"，才能遇事不慌、临危不惧。基于大数据、人工智能技术的数据关联和算法创新，将在可视化呈现、实时监测、远程监管、预测预警、决策辅助、制定解决方案，以及模拟未来城市场景等方面发挥人力难以企及的作用，极大限度地提升城市管理能级。同时，城市管理者应当以更加开放的姿态向社会开放公共数据，鼓励政府部门、社会主体利用城市管理数据协同解决发展问题。大数据管理部门还应积极探索公共数据与行业数据、企业数据的对接、交换与共享，进一步赋能智慧城市建设与城市运行管理。

8.1.2　更深层次的技术与智慧应用

物联网、大数据、人工智能和区块链等新一代信息技术为智慧城市建设提供了最前沿的治理工具。智慧城市建设应秉持"应用为王"的原则，基于识别应用场景、匹配技术需求，实现新一代信息技术对城市运行管理的全面赋能。从城市治理中的技术嵌入视角来看，新一代信息技术不断推动城市应用领域更加丰富和深化。智慧城市建设依托数据、算法和场景，打造连接、共享、智慧的生态体系。

从智慧城市发展趋势来看，城市治理的应用领域可达上百个。其中，智慧交通、智慧城管、智慧生态、智慧食药等领域的一些应用场景已逐渐落地；区块链、人工智能技术也已在智慧城市的身份认证、视频分析等方面发挥作用。区块链技术下一步也可被逐步运用于电子发票、电子投票、房屋租赁、房地产交易、土地登记、电力供应、社会救援、公交线路和火车时刻表等领域。未来，新技术驱动的城市治理还将在交通治理、医疗卫生、环境保护、应急管理、社区治理等领域开发出更大规模、更深层次的应用场景。

8.1.3　更高效的城市治理体系变革

从治理效能来看，一方面，传统以专业化职能分工为基础的条块分割、部门林立的城市管理体系不利于数据资源的整合共享与系统性的应用场景开发，而且极大地限制了智慧城市背景下城市管理的智能化水平；另一方面，大数据、人工智能、区块链等新一代信息技术在追求更高水平的城市管理效能的过程中，客观上也形成更加扁平化、更显网络化、更具灵活性的跨边界组织协同形态。可以预见的是，与技术治理相伴相生的城市治理范式创新将决定智慧城市的可持续发展水平。这种治理创新主要表现在治理目标、协同模式与运行机制等方面。

城市治理体系追求"以人民为中心"的治理理念，强调将人本价值作为改进城市服务和管理的重要标尺，作为检验城市各项工作成效的根本标准，城市管理全过程、各方面都应当体现这个理念。具体到城市管理领域，智慧城市治理应致力于提高人民群众的切实感受和归属认同，"一网共治"应切实做到实战管用、基层爱用、群众受用。

"以人民为中心"的治理理念还体现在智慧城市治理的具体行动中。一是从重视发现向重视处置转变，不同于以往网格化管理中问题发现能力较强但处置能力跟不上，城市运行"一网共治"致力于实现"高效处置一件事"的目标。二是从单一事件的简单回应向城市运行综合分析研判转变，以往网格化管理以回应单一、简单问题为主，各项任务之间相互割裂，基层管理人员只顾埋头应对各类问题，对各项任务之间的深层次关联性缺乏系统认识。"一网共治"建设则能够借助各类新技术，对碎片化城市管理要素、任务及动态变化进行可视化呈现与科学预测预警，辅助城市管理综合研判。三是形成规范的全过程闭环管理，"一网共治"能够继承网格化管理在规范流程、过程留痕、闭环管理和结果反馈等方面的优势。

以多元共治目标替代单一管理目标。传统城市管理受工具、手段、资源等的限制，往往只能满足单一目标，随着智慧城市发展的深入及人们对美好生活需求的提升，管理者与被管理者都意识到实现城市管理多元目标的重要性。"一网共治"为最大限度地集成城市管理的多元目标——高效、精细、全面、细微、人性化等提供了技术和平台，既强调城市管理应当有温度，又强调智慧治理对技术的依赖不应以牺牲人的基本权利和尊严为代价。在"一网共治"建设与智慧城市发展进程中，智慧治理更强烈追求多元治理目标的兼容性。

8.2 新要求

8.2.1 合作治理模式的不确定性限制了治理能力的提升

一是统筹规划方面。智慧城市是通过相关规划方案引导，依托新一代信息技术与全新管理理念，在原有城市的基础上发展演变形成的城市信息化高级形态。智慧城市建设发展合理与否，主要取决于制度规划是否完善。目前，在智慧城市建设发展期间，虽然相关主管部门陆续出台了相关制度，例如财政支持制度、技术合作制度、信息共享制度等，在一定程度上推动了智慧城市的发展进程，发挥引导作用。但部分制度内容较为模糊，并未形成正式制度规定，阻碍了智慧城市建设的发展。产生问题的深层次原因在于没有从全局统筹角度出发，缺乏长远的发展意识，通常仅针对某一具体问题制定相应的规划制度，并未考虑到同类问题及衍生问题，智慧城市建设规划不够全面。智慧城市建设中的政府定位尚不明晰，现阶段多个地方在建设智慧城市的过程中一直由政府主导，缺乏国家层面的顶层设计和宏观指导，地方上的政策规划和法律法规等尚不完善，存在项目一哄而上、基础参差不齐等问题，出现各区、各项目"各自为政"的现象，部分职能部门在建设智慧城市的过程中，顶层设计不够完善，大局意识不够强，没有很好地把握全市"一体化"的建设思路。

二是决策方面。国内大部分城市在开展智慧城市建设过程中，采取以政府为主导的项目牵引方式，缺少发挥企业、高校及群众广泛参与的沟通和开放性平台，在项目孵化初期，无法集思广益，采纳社会各领域、各行业对智慧城市建设的需求和建议。

三是建设规划方面。智慧城市建设是一个复杂的巨系统工程，包括城市生活的各行各业，应引入弹性的市场化运作机制，充分调动全社会的资金资源。

8.2.2　政府内部的机制保障问题短期内难以彻底解决

在机制保障方面，首先，政府相关的项目推进机制还不够成熟，虽然在智慧城市建设项目初期，设立了专门的智慧城市建设领导小组，但由于该项目涉及范围过于广泛，项目存在协调不到位、推进不顺利等问题。其次，没有建立有效的项目扶持机制，即智慧城市建设项目没有一个开放性的融资平台，使政府在扶持相关项目的过程中陷入心有余而力不足的窘境。此外，没有建立一套充分有效的决策咨询机制，在统筹协调、咨询指导等方面存在一定的机制缺失；在咨询平台建设、大众意见收集等平台建设方面，更多地采取政府与相关公司单干模式，在针对城市建设方面没有充分听取社会各行业的意见，没有汲取群众智慧；在智慧城市建设的评价方面，没有形成一套客观的评价机制。最后，虽然已基本形成信息资源共享机制，但仍然存在相关资源难以整合的局面，因此信息资源共享机制还需进一步建立健全。

8.2.3 应用场景的多样性与即时性加大了治理难度

城市具备全面的应急预警及管理能力十分重要。突发事件处理不到位，会在一定程度上反映出一个城市的应急响应能力不足。例如，在城市公共信息发布方面，信息发布不及时会一定程度上加剧紧急事件后续的治理难度；在城市基础服务设施及配套方面，当发生大规模紧急事件时，各类生活资源将极度匮乏，医院、车站等服务场所人满为患，再加上信息的不对称造成群众紧张焦虑，使相关事件的处理难度急剧上升；在基层社区方面，三社联动机制的机动性不足，一定程度上脱离了人民群众，以人民为核心的理念未能充分在基层落地。

8.3 新发展

8.3.1 坚持全局一体，突出特色高质量顶层设计

我国各城市都有独特的社会形态，城市综合情况千差万别，每个城市在建设智慧城市的过程中要充分融入本地特色，坚持本地全局一体化，形成本地特色凸显、路径清晰的路线图。

开展市、区两级的智慧城市顶层设计。市政府应充分发挥带头引领作用，各区应做好与国家和市中心的"智慧圈"战略规划，并建立各区的创新中心，使各区顶层设计与市政府的顶层设计对接融合，实现技术、标准、服务规划协同开展。各区应着眼本区城乡规划统筹，想群众之想，加快区中心与乡村之间的公共服务下沉对接。各区应加快区域协同发展，努力成为智慧城市创新发展的先行者、新兴产业的领导者及绿色可持续发展的示范区。此外，智慧城市建设下一阶段应以科技创新为核心驱动力，以数据、技术、业务融合为主干，进一步健全智慧城市集规划、设计、治理、服务为一体的系统协同，实现顶层设计一体化。

8.3.2 明确政府定位，盘活项目决策运营方式

智慧城市是一项庞大的系统性工程，包括决策、规划、建设、运营等阶段，具有全局性和复杂性。建设智慧城市时，应以政府为主导，加强政府、企业、群众等多方合作，借助国家良好的宏观环境与政策优势，为智慧城市后期建设保驾护航。具体可以采取以下4种方式。

① 建设资金分摊化，寻求多方合作，解放政府职能，减少政府的投资压力。

② 实现区域联动，避免重复建设、功利建设，促进互联互动互享，充分利用已有设施，提高利用率。

③ 建立信息共享平台，促进多方合作，激发群众潜力与参与感，加速推进项目建设进程。

④ 根据不同领域采取不同的运营方式，若某领域项目与政府联系紧密，例如城市治理、公共服务等领域，采取群众提供诉求、政府绝对领导的方式；若某领域项目规模较大、可用性强、群众参与度高，例如智慧公园、智慧商场，则让市场广泛参与建设，政府只进行相应的规划与监管。

8.3.3　健全保障机制，确保项目全过程培育

① 依法建立健全法规保障。任何项目的建设都离不开标准和规范的制定，根据项目的建设需求，依法制定配套的政策法规与信息安全保障机制，为智慧城市的建设提供公平公正的法律保障。

② 完善人才激励保障机制。根据智慧城市的建设需要，建立健全人才引进机制，大力引进专业型、复合型建设人才；市及各地方政府应进一步加强与本地高等院校、科研院所，以及专业公司的多领域交流合作，着力培养 ICT 上下游技术人才。

③ 建立联合协调推进机制。智慧城市项目的建设涉及的行业众多，工程复杂，需要若干个政府部门协同才能有效推进，成立一个由政府为主要引领的、多部门"一把手"指定的专门负责人组成的协调机制迫在眉睫。这样可以有效解决建设过程中遇到的沟通难、盲目建设、重复建设、不科学建设等问题。

8.3.4　坚持以人为本，建设智慧服务人文体系

智慧城市的核心是以人为本，本质是惠民便民，实质是应用先进的信息技术，为群众提供智慧服务。我国智慧城市的建设，在技术上实现应用突破的同时，更需要将人文、民生服务与智慧相结合，以城市居民的切身需求为导向，提升群众的幸福指数。建设创新型城市、学习型城市、具有历史人文气息的特色型智慧城市，具体可以围绕以下 3 点实施。

① 优先推行便民服务，进一步做好"群众卡"整合工作，将"群众卡"电子化，融入手机应用中，实现无实卡式全服务；拓展智能城市门户功能，推进服务事项在线化和移动化，争取

实现足不出户办业务。此外，进一步推动城市门户应用功能的整合，吸取全社会力量，基于此服务平台开发各类服务应用，进一步完善平台生态。

② 强化城市政务数据中心的支撑和服务能力，优化提升城市政务数据中心的计算力和承载力，拓展政务外网的覆盖范围，丰富承载业务，为群众、企业提供业务更广、内容更全面的服务平台。

③ 推进大数据应用，完善群众、企业、事业单位等应用，聚焦医疗、出行、教育等体系建设，在确保信息安全的基础上，开展公共服务数据的深度挖掘和处理，并在城市治理、民生服务、教育医疗等涉及民生的行业板块重点推广。

8.3.5 健全管理机制，提高城市应急管理能力

智慧城市建设中的重要环节是城市的应急管理能力，在应对未来可能出现的突发事件上，智慧城市可以利用高科技智慧应用协助突发事件管理工作，智慧城市建设对公共安全与应急管理体系建设甚至是应急管理现代化水平提出了更高的要求。

对智慧城市建设而言，一方面可增设高层次的应急决策指挥机构，协调多部门、多地区开展高效应急处置行动，随时根据事件实时变化进行分析、判断、决策，准确并适时地向群众发布事件进程和处置措施，有效维护公共安全和社会稳定；另一方面可建立应急管理系统，突破现阶段各种专业指挥中心的限制，实现政府跨地区、跨部门、跨警区，以及不同工作人员之间的统一指挥协调、快速反应、联合行动，从而实现城市的常态化管理和紧急事件的全周期指挥。

参考文献

[1] 刘晶 . 智慧城市数据管理的 "韧" 与 "柔" [N]. 中国电子报，2022-01-18（6）.

[2] 刘伟 . 多元主体建构模式在中国城市治理中的适应性分析——基于结构主义视角 [J]. 国家治理现代化研究，2020（1）：80-92，270-271.

[3] 罗超 . 乘风破浪 大而不同 新型智慧城市建设进入质变时代 [J]. 中国公共安全，2020，331（Z2）：56-62.

[4] 沈毅，沈彤 . 新基建，智慧城市建设新趋势下的应对 [J]. 互联网经济，2020（6）：78-83.

[5] 杨宇 . "四大变革" 提升智慧城市治理水平 [J]. 人民论坛，2020（3）：70-71.

[6] 徐振强 . 新型智慧城市的服务城市管理、服务社会治理的关键路径 [J]. 上海城市管理，2016，25（2）：24-29.

[7] 韩利 . 顺应新时代解决新矛盾落实新要求：《关于加强城市精细化管理工作的意见》要点解读 [J]. 城市管理与科技，2019，21（2）：10-12.

[8] 李雪松 . 技术赋能综合行政执法改革：基于 "智慧城管" 的实证分析 [J]. 四川行政学院学报，2020（1）：40-49.

[9] 马黎 . 腾 "云" 而上转型发展：云新一代信息产业发展势头强劲 [J]. 创造，2018（10）：56-59.

[10] 王崇宇 . 浅淡互联网企业数据中台架构及安全性研究及建议 [J]. 信息系统工程，2019（8）：65-66.

[11] 张育雄 . 数字化浪潮下城市治理：从精细化向智能化变迁 [J]. 电信网技术，2018（3）：9-11.

[12] 米加宁，章昌平，李大宇，等 . "数字空间" 政府及其研究纲领：第四次工业革命引致的政府形态变革 [J]. 公共管理学报，2020，17（1）：1-17.

[13] 王远伟，师旭辉 . 城市治理的数字化转型与区块链应用 [J]. 城乡建设，2018（15）：24-27.

[14] 陈水生 . 数字时代平台治理的运作逻辑：以上海 "一网统管" 为例 [J]. 电子政务，2021（8）：2-14.

[15] 陈水生 . 我国城市精细化治理的运行逻辑及其实现策略［J］. 电子政务，2019（10）：99-107.

[16] 陈荣卓，肖丹丹 . 从网格化管理到网络化治理：城市社区网格化管理的实践、发展与走向［J］. 社会主义研究，2015（4）：83-89.

[17] 李明阳 ."放管服"政策背景下北京市营商环境研究述评［J］. 经济研究导刊，2018（31）：130-132，145.

[18] 胡兴旺，周淼 . 优化营商环境的国内外典型做法及经验借鉴［J］. 财政科学，2018（9）：66-75.

[19] 谢俊，申明浩，杨永聪 . 差距与对接：粤港澳大湾区国际化营商环境的建设路径［J］. 城市观察，2017（6）：25-34.

[20] 杜悦英 . 利用外资："质"比"量"更重要［J］. 中国发展观察，2017（15）：8-10.

[21] 黄祥国，江婷，向闻，等 . 湖北省产学研合作现状、问题与对策分析［J］. 科技创业月刊，2017，30（22）：86-88.

[22] 肖子华 . 流动人口大数据的特征与应用［J］. 中国卫生人才，2017（4）：12-18.

[23] 张品立 . 大数据环境下的城市交通规划与管理模式变革：以上海智能化的公交集群调度为例［J］. 上海城市管理，2015，24（6）：51-55.

[24] 戴顺勇，蔡欣，郭涛 . 基于手机信令大数据的疫情监控指挥中心人口流动监控方案研究［J］. 无线互联科技，2020，17（12）：130-131.

[25] 邬晓燕 . 基于大数据的政府环境决策能力建设［J］. 行政管理改革，2017，9（9）：33-37.

[26] 肖翠玲，朱琳 . 运用大数据思维推动网格化社会治理现代化［J］. 城市管理与科技，2018，20（2）：68-71.